Maquette de la couverture: Laurent VENOT
Photographie de couverture: Étienne TIFFOU

DICTIONNAIRE COMPLÉMENTAIRE
DU
BOUROUCHASKI DU YASIN

Déjà paru dans la collection **Asie et Monde Insulindien (AMI)**

ASE 1. Bakoly DOMENICHINI-RAMIARAMANANA. *Le malgache. Essai de description sommaire*, 1976, 130 p., carte.

ASE 2. Jacques DOURNES. *Mythes srê. Trois pièces de littérature orale d'une ethnie austro-asiatique*, 1977, 313 p., 2 cartes, photos h-t.

ASE 3. Denise BERNOT. *Dictionnaire birman-français (fasc. 1)*, 1978, 227 p., fig.; *(fasc. 2)*, 1979, 209 p., fig.; *(fasc. 3)*, 1980, 195 p., fig.; *(fasc. 4)*, 1981, 208 p., fig.; *(fasc. 5)*, 1982, 200 p., fig.; *(fasc. 6)*, 1983, 204 p., fig.; *(fasc. 7)*, 1983, 204 p., fig.; *(fasc. 8)*, 1984, 200 p., fig.; *(fasc. 9)*, 1986, 212 p., fig.; *(fasc. 10)*, 1986, 208 p., fig.; *(fasc. 11)*, 1988, 208 p., fig.; *(fasc. 12)*, 1988, 215 p., fig.

ASE 4. Nicole REVEL-MACDONALD. *Le palawan (Philippines). Phonologie, catégories, morphologie*, 1979, 264 p., 2 cartes, photos h-t.

ASE 5. Henri CAMPAGNOLO. *Fataluku I. Relations et choix. Introduction méthodologique à la description d'une langue «non austronésienne» de Timor Oriental*, 1979, 246 p., 4 cartes.

ASE 6. Adolphe RAZAFINTSALAMA. *Les Tsimahafotsy d'Ambohimanga. Organisation familiale et sociale en Imerina (Madagascar)*, 1981, 252 p., 3 cartes, 16 planches photos.

ASE 7. Jacqueline MATRAS-TROUBETZKOY. *Un village en forêt. L'essartage chez les Brou du Cambodge*, 1983, 436 p., cartes, photos.

ASE 8. Denise BERNOT. *Le prédicat en birman parlé*, 1980, 381 p.

ASE 9. Mohamed AHMED CHAMANGA & Jacques-Noël GUEUNIER. *Le dictionnaire comorien-français et français-comorien du R.P. SACLEUX*, 1979, 659 p. (2 vol.).

ASE 10. Dominique THOMAS-FATTIER. *Le dialecte sakalava du Nord-Ouest de Madagascar. Phonologie, grammaire, lexique*, 1982, 400 p., 2 cartes.

ASE 11. André BAREIGTS. *Les Lautu. Contribution à l'étude de l'organisation sociale d'une ethnie chin de Haute-Birmanie*, 1982, 314 p.

ASE 12. Brigitte CLAMAGIRAND. *Marobo, une société ema de Timor central*, 1983, 490 p., 2 cartes, photos h-t.

ASE 13. Claude VOGEL. *Les quatre mères d'Ambohibao (Madagascar)*, 1983, 336 p.

ASE 14. Roger-Bruno RABENILAINA. *Morpho-syntaxe du malgache. Description structurale du dialecte bara*, 1983, 337 p.

ASE 15. Uraisi VARASARIN. *Les éléments khmers dans la formation de la langue siamoise*, 1984, 305 p.

AMI 16. Étienne TIFFOU & Jurgen PESOT. *Contes du Yasin. Introduction au bourouchaski du Yasin avec grammaire et dictionnaire analytique*, 1989, X + 159 p.

AMI 17. Yves Charles MORIN & Étienne TIFFOU. *Dictionnaire complémentaire du bourouchaski du Yasin*, 1989, X + 58 p.

En préparation:

AMI 18. Sophie CLÉMENT-CHARPENTIER & Pierre CLÉMENT. *L'habitation lao dans les régions de Vientiane et de Louang-Prabang*, 1989.

AMI 19. Noël J. GUEUNIER. *La Fille ne se marie point. Contes comoriens en dialecte malgache de l'Ile de Mayotte*, 1989.

ASIE ET MONDE INSULINDIEN

———————————— 17 ————————————

Yves Charles MORIN
Étienne TIFFOU

DICTIONNAIRE COMPLÉMENTAIRE
DU
BOUROUCHASKI DU YASIN

Études bourouchaski 2

SELAF n° 304

PEETERS/SELAF
PARIS
1989

ISSN: 0224-2680
ISBN: 2-87723-006-6

© PEETERS/SELAF 1989
Dépôt légal: juin 1989

RÉSUMÉS

Yves Charles MORIN & Étienne TIFFOU — **Dictionnaire complémentaire du bourouchaski du Yasin.** 1989, Paris, PEETERS/SELAF (Asie et Monde Insulindien, 17).

Ce dictionnaire est le complément indispensable aux travaux lexicologiques consacrés au bourouchaski du Yasin; il complète et corrige notamment ceux de Lorimer et de Berger, qui sont les meilleurs ouvrages publiés sur ce sujet. Le présent livre propose, comme de juste, de nombreux mots nouveaux, mais ce n'est pas un de ses seuls intérêts. Chaque fois que cela a été possible, l'apport original des entrées a été dégagé. Une attention particulière a été portée à la longueur des voyelles, car bien que celle-ci n'apparaisse pas toujours aussi clairement que dans le bourouchaski du Hounza, la valeur significative de ce trait est restée très importante. On trouvera également pour certains verbes une organisation différente des entrées. Tel verbe considéré comme indépendant a dû être sous-catégorisé dans une autre rubrique, car il est apparu clairement qu'il était dérivé morphologiquement par affixation ou par supplétisme. Ont été enfin inclus dans le présent dictionnaire un grand nombre de mots vraisemblablement empruntés aux langues voisines. Le bourouchaski recourant fréquemment au vocabulaire des langues environnantes, il n'était pas toujours aisé de décider si l'emprunt était intégré ou pas; il a fallu décider de recourir à la conscience des sujets parlants. Celle-ci variant d'une région à l'autre de la vallée, c'est l'usage du village de Yasin qui a été retenu.

*

Yves Charles MORIN & Étienne TIFFOU — **Yasin Burushaski: a Complementary Dictionary.** 1989, Paris, PEETERS/SELAF (Asie et Monde Insulindien, 17).

This dictionary is an indispensable complement to lexicographic existing works on Yasin Burushaski. In particular it completes and corrects Lorimer and Berger, the best available works published on the topic. The present work rightly proposes numerous additions but other innovations are apparent. Close attention has been paid to vowel length, for, even though this feature is less in evidence than in the case of Yasin's Hunza neighbour, its importance is no less significant. Verb entries also differ. Some verbs previously deemed *independent* can now bear other labels being clear derivatives via affixation or suppletion. Many borrowings from neighbouring languages have also been included. Since such borrowings are frequent in Burushaski, it has often been difficult to determine the degree of integration into the permanent lexicon. Very often only individual value judgement have been used to ascertain. There is, however, considerable variation from one part of the valley to the next. In cases of conflict, the Yasin village practice has been retained.

*

Yves Charles MORIN & Étienne TIFFOU — **Ergänzungs-Wörterbuch zum Yasin Burushaski.** 1989, Paris, PEETERS/SELAF (Asie et Monde Insulindien, 17).

Dieses Wörterbuch ist eine unentbehrliche Ergänzung zu den bisher über das Burushaski von Yasin veröffentlichten lexicologischen Arbeiten, insbesondere die von Lorimer und Berger, die besten zu diesem Gegenstand erschienen Studien, welche vervollständigt und korrigiert werden. Das Wörterbuch enthält allerdings nicht nur viele neue Wörter. Wo immer es möglich schien, wurde hervorgehoben, was bei jedem Eintrag neu ist. Besondere Aufmerksamkeit wurde auf die Länge der Vokale verwandt, denn obwohl sie nicht so deutlich hervortritt wie im Burushaski von Hunza, bleibt ihre bedeutungsunterscheidende Funktion doch weithin bestehen. Bei den Verben wurde des öfteren eine neue Gruppierung vorgenommen: Verben die für eigenständig galten, mußten unter andere Einträge eingeordnet werden, weil sie als morphologisch abgeleitet erkannt worden sind. Schließlich sind in dieses Wörterbuch viele Wörter aufgenommen worden, die wahrscheinlich aus den benachbarten Sprachen stammen. Da das Burushaski ziemlich häufig auf den Wortschatz der umgebenden Sprachen zurückgreift, war es nicht immer leicht, zwischen assimiliertem und nicht assimiliertem Lehnwort zu unterscheiden. In diesen Fällen mußte auf das Sprachgefühl der Sprecher zurückgegriffen werden, und da letzteres von Gebiet zu Gebiet innerhalb des Tales variiert, wurde der Sprachgebrauch des Dorfes Yasin zugrundegelegt.

*

Ив Шарль Морэн и Этьен Тиффу — **Словарь ясинского диалекта языка бурушаски (дополнение к существующим словарям).** 1989, Париж, PEETERS/SELAF (Asie et Monde Insulindien 17).

Настоящий словарь представляет собой необходимое дополнение к имеющимся лексикографическим описаниям ясинского диалекта бурушаски. В частности, он содержит добавки и исправления, касающиеся лучших трудов в данной области — известных книг Лоримера и Бергера. Как этого следует ожидать, словарь включает много новых единиц, чем, однако, его интерес не ограничивается. Везде, где это релевантно, в словарных статьях указываются в явном виде все изменения, сделанные по сравнению с вышеупомянутыми книгами. Особое внимание обращается на долготу гласных, поскольку она сохраняет фонематическую значимость и в ясинском диалекте, котя здесь она проявляется не всегда столь же отчетливо, как в хунзийском. Далее, словарь описывает по-другому ряд глаголов. Так, некоторые глаголы, которые считались независимыми, теперь описываются как зависимые, ибо выяснилось, что они являются морфологически производными (аффиксальными или супплетивными). Кроме того, в настоящий словарь включено большое количество слов, заимствованных, по всей вероятности, из соседних языков. Словарные заимствования в бурушаски очень часты, и не всегда легко решить, достаточно ли данное заимствование освоено языком; в подобных случаях мы обращались к интуиции носителей. Подчеркнём, что словарь основывается на говоре деревни Ясин.

*

Mots-clé: Bourouchaski, lexicographie, linguistique, ethnologie.
Key-words: Burushaski, lexicography, linguistics, ethnology.

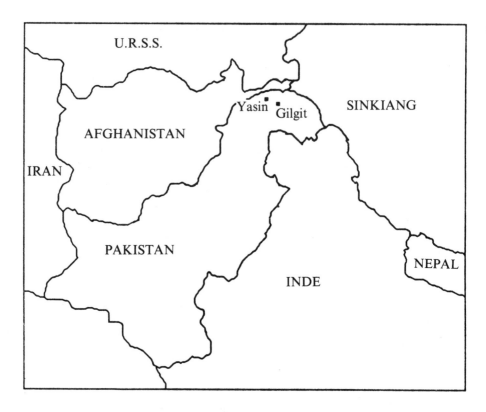

Carte générale du Pakistan

Ce dictionnaire veut être un complément à l'excellent travail lexicologique accompli par Berger (1974) dans sa description du bourouchaski du Yasin. Les matériaux que nous présentons ici ont été recueillis au cours de nos enquêtes au Yasin les étés 1975 et 1978. Nous devons beaucoup à la collaboration de trois informateurs principaux, qui, comme un grand nombre de Yasinais de langue maternelle bourouchaski, connaissent très bien l'ourdou, la langue officielle du Pakistan, le khowar, la langue des princes qui ont longtemps régné sur le Yasin, et souvent le shina, la langue la plus communément parlée dans la région. L'aide de Dada Khan, gardien du «rest-house» de Yasin, a été particulièrement précieuse. Iqbal Hussein, natif de Darkoṭ, dernier village de la vallée, était au moment de notre enquête étudiant en médecine vétérinaire et maître auxiliaire à l'école secondaire de Taus; il parle, en outre, très bien l'anglais. Baba Khan, frère de Dada Khan, est wakhil, sorte d'avocat subalterne. Sa position en matière de langue est très proche de celle du puriste; il nous a servi de guide, mais nous nous méfions de la rigueur avec laquelle il rejette certaines formes admises par d'autres. Nous tenons à remercier ici tous les Yasinais pour leur excellente hospitalité, et plus particulière-ment nos trois informateurs principaux ainsi que leurs familles respectives que nous n'avons pas hésité à mettre à contribution. Un remerciement tout spécial va à Sultan Hussein, cousin d'Iqbal Hussein, avec qui nous avons travaillé à Rawalpindi.

1. Relation avec les dictionnaires antérieurs.

Avant le travail de Berger, il existait trois sources principales pour le lexique du bourouchaski du Yasin, un lexique fourni par Zarubin (1927), un second lexique par Lorimer (1935-38) en annexe de sa description du bourouchaski du Hounza, et enfin un troisième aussi par Lorimer (1962) consacré au bourouchaski du Yasin. Ces trois sources ont été systématiquement vérifiées et élargies par Berger, qui les a regroupées dans le lexique de son ouvrage sur le bourouchaski du Yasin.

Au retour de notre expédition de 1975, une première liste de mots nouveaux a été établie et publiée dans le *Journal Asiatique* (1979) avec la collaboration de J. Pesot. Le présent travail, beaucoup plus vaste, intègre ces données. Il ne reprend pas cependant toutes les données antérieures. En effet, nous n'avons pas cherché à revérifier systémati-quement tout le lexique présenté par Berger, d'autant plus que nous partagions certains de ses informateurs. Au contraire, nous avons travaillé en général indépendamment du lexique de Berger (voir cependant *infra*), et ce n'est qu'ensuite que nous avons décidé de retenir un mot, soit parce qu'il était absent de ce lexique, soit parce qu'il s'éloignait de façon significative de l'entrée proposée. En général nos observations coïncident avec celles de Berger. Celui-ci omet toutefois souvent la longueur des voyelles dans le vocabulaire non emprunté. Il reconnaît, d'ailleurs, cette omission dans son introduction, car la pertinence de la longueur ne devait lui apparaître qu'après son retour d'enquête. Cette lacune aurait justifié une vérification systématique du lexique de Berger; nous ne l'avons malheureusement pas faite. Il faut avouer que la reconnaissance de la longueur vocalique est assez délicate dans le bourouchaski du Yasin, et que nous ne l'avons vraiment identifiée qu'à la fin de notre second séjour.

Ce dictionnaire se présente donc comme un complément aux travaux antérieurs, car il n'apporte en principe que des informations nouvelles. Chaque fois que cela était possible, sans alourdir considérablement la présentation, nous avons cherché à situer notre travail par rapport à ceux qui les ont précédés. Ainsi la notation (B.) indique, dans une entrée, que celle-ci se trouve déjà dans Berger, mais que nous y apportons quelques précisions; ces précisions, en général, suivent l'indication (B.). Lorsqu'une représentation phonologique entre parenthèses est précédée de l'initiale B., ex. (B. *biské*), cela indique que nous n'avons pas observé cette prononciation et qu'elle a été refusée par nos informateurs. Quant à la notation (L.), elle indique que la variante notée par Lorimer et que Berger n'a pu vérifier, est toujours vivante. Enfin, nous nous sommes tenus aux conventions typographiques et morphologiques de Berger sauf dans quelques rares cas que nous spécifierons.

2. Méthodes d'enquêtes.

La plus grande partie des mots rapportés ici a été recueillie par E. Tiffou au cours de conversations dirigées (sur la faune, la flore, les coutumes, etc.) avec Dada Khan ou dans des contes qu'il a relevés. Tous ces mots ont ensuite été comparés aux entrées de Berger, et tous ceux qui étaient redondants ont ainsi été éliminés. Pour la représentation phonologique des mots restants, nous avons demandé à Dada Khan, puis à Iqbal Hussein de les répéter d'abord à débit normal, puis à débit très lent, en les priant d'identifier certaines consonnes ou voyelles lorsque nous hésitions. S'il y avait divergence dans les transcriptions pour nos deux informateurs, nous reprenions toute la procédure de vérification. Lorsque nous étions convaincus que la différence était réelle, ce qui ne s'est produit que très rarement, nous avons vérifié auprès de nos informateurs secondaires. En général les deux prononciations étaient toutes les deux retrouvées chez nos autres informateurs, et dans ce cas nous les avons entrées toutes les deux dans le dictionnaire. Dans les autres cas, nous avons rejeté la prononciation isolée. Parfois il n'a pas été possible d'obtenir de consensus pour des mots empruntés au khowar; nous avons alors tout simplement exclu ces mots en les considérant comme des emprunts non-intégrés. Il se peut que certains cas de variation que nous avons notés soient de nature dialectale, notre premier informateur Dada Khan étant du village de Yasin, tandis que notre second informateur est originaire de Darkot, quelques trente kilomètres plus au nord. Par exemple, les deux formes -númus et -núŋus présentées comme des variantes libres dans notre lexique correspondent vraisemblablement à des différences géographiques. En général, cependant, nous avons été frappés par la grande uniformité des formes de nos deux informateurs (à la différence, par exemple, de la variation notée dans les dialectes du français dans des conditions géographiques semblables). Seules des enquêtes ultérieures permettront de dire si cette uniformité que nous avons notée correspond vraiment à la réalité géographique. Pour préciser la valeur morphologique et sémantique de ces mots nous avons souvent, mais pas systématiquement, demandé le pluriel des noms et adjectifs et invité nos informateurs à construire une petite phrase incorporant ce mot. Certaines de ces phrases sont citées dans les articles lorsqu'elles éclairent leur emploi. Nos enquêtes ont été menées généralement en bourouchaski; cependant, pour établir le sens des mots, nous avons été amené quelquefois à en demander la traduction en ourdou ou en anglais. Dans certains cas, les valeurs sémantiques des entrées sont encore assez imprécises, en particulier en ce qui concerne la flore et la faune propres à la région, nos informateurs étant incapables souvent de nous en donner une traduction tandis que nous étions nous-mêmes incapables de les identifier. Finalement pour chacun de ces mots nous avons demandé à nos informateurs de nous dire si, à leur connaissance, ces mots existaient aussi dans une des langues voisines: khowar, shina ou ourdou qu'ils connaissaient très bien.

Une deuxième source d'informations nouvelles données dans ce dictionnaire résulte d'une analyse morphologique sur les verbes que nous avons entreprise. Pour ce faire, nous avons systématiquement repris tous les verbes notés par Berger, et nous les avons étudiés dans différents cadres syntaxiques, ce qui nous a permis de préciser la prononciation, la morphologie et la valeur sémantique de certains d'entre eux. Bien souvent nos observations convergent avec celles de Berger, et nombreux sont les verbes relevés par celui-ci que nous n'avons pas répétés dans ce complément.

3. Emprunts.

Comme dans tous les travaux antérieurs, il apparaîtra que nous avons inclus dans notre dictionnaire un grand nombre de mots qui sont vraisemblablement empruntés aux langues voisines. Nous avons, comme nos prédécesseurs, été confrontés à deux problèmes principaux en ce qui concerne ces emprunts: leur identification et leur choix. Nous avons pris un ensemble de décisions systématiques qui permettront une recherche ultérieure sur l'étymologie des mots utilisés dans le bourouchaski du Yasin. Ainsi nous avons noté les indications *sh., kho.* ou *ou.* après un mot si celui-ci peut être rattaché à un mot shina, khowar ou ourdou. Cette identification a été faite grâce à nos informateurs ou en recourant aux dictionnaires disponibles sur ces langues. Mais on se gardera de considérer nécessairement ces identifications comme des analyses étymologiques. Lorsqu'il existe une différence de prononciation sensible entre le bourouchaski et son correspondant dans une de ces langues, nous avons noté cette prononciation en la faisant précéder de l'indication *sh., kh.* ou *ou.* Les informations sur le shina nous ont été communiquées par un des maître de l'école primaire de Yasin, originaire de Pounial. La prononciation khowar retenue est celle du dialecte propre au Yasin; pour l'ourdou nous avons retenu celle de l'ourdou classique. Il est possible que certains mots qu'on retrouve dans toutes les langues dardiques soient en fait des substrats du bourouchaski, si l'on admet que, dans la région où se parlent actuellement les langues dardiques, se parlait autrefois le bourouchaski. Fussman (1972), par exemple, analyse *čumúr* «acier», *jakún* «âne» comme des substrats du bourouchaski dans ces langues. Il est possible aussi que certains mots dans le shina de la région de Gilgit aient été récemment empruntés au bourouchaski du Hounza qui y est très utilisé. De la même manière, il est certain que de nombreux mots bourouchaskis sont passés dans le khowar du Yasin, où les deux langues sont en contact depuis deux siècles. En particulier Dada Khan insistait sur le fait que les mots qu'il identifiait comme étant communs au bourouchaski et au khowar du Yasin n'étaient pas nécessairement des mots qui existaient dans le khowar de Chitral. Quant aux mots qui ont été identifiés comme ourdou, deux mises au point s'imposent. Tout d'abord, il n'est pas sûr qu'il s'agisse d'emprunts directs à l'ourdou, ces mots étant aussi utilisés en khowar et en shina, et ceci depuis très longtemps déjà. Grierson (1919), par exemple, note dans le khowar de Chitral les mots suivants: *agar* «mais», *azad* «libre», *daulat* «richesse», *deh* «village», *hukm* «ordre», *xizmat* «service», *xuk* «porc», *magar* «mais», *mulk* «pays», *quwatīn* «puissant» et *uĺ* «chameau», qui sont reliés à l'ourdou par Berger. Deuxièmement, il n'est pas du tout certain qu'il s'agisse d'emprunts à l'ourdou plutôt que d'anciens emprunts (directs ou indirects) au perse, à l'arabe etc. qui se retrouvent indépendamment en ourdou. En particulier, il est possible que le même mot perse, arabe etc. soit emprunté par deux voies différentes et à deux époques différentes. Berger, par exemple, note les deux variantes *samón* et *samán* «meuble, équipement», toutes deux empruntées à l'arabe, la première par le canal du perse à une date relativement ancienne, et la seconde par le canal de l'ourdou littéraire à une date plus récente.

Une grande partie du vocabulaire du bourouchaski est emprunté. Actuellement cette langue est particulièrement soumise aux influences de l'ourdou pour des raisons culturelles et politiques. C'est de cette langue que provient par exemple presque tout le vocabulaire abstrait. On comprend aisément la difficulté qu'il y a pour déterminer si un mot est emprunté, ou s'il est utilisé tout en étant senti comme étranger. Il fallait donc résoudre le problème du choix des emprunts à inclure dans notre lexique. Pour ce faire, nous avons décidé de nous fier aux jugements de nos informateurs pour savoir si un mot emprunté devait être considéré comme faisant partie du lexique bourouchaski, bien que leurs jugements ne soient pas toujours uniformes. Baba Khan, par exemple, refusait tous les emprunts, y compris des mots courants qu'il utilisait tous les jours comme *mez* «table» et pour lequel il n'y a pas d'équivalent bourouchaski. D'autre part, de nombreux mots khowars, apparemment acceptables dans le village de Yasin qui se trouve juste à la frontière linguistique entre le khowar et le bourouchaski, étaient refusés par Iqbal Hussein comme étant des emprunts non-intégrés dans le bourouchaski de Darkoṭ. Dans ces cas-là, nous avons choisi l'usage du village de Yasin, ce qui implique que nous avons noté de nombreux mots khowars qui ne sont pas nécessairement utilisés dans les régions plus reculées de la vallée. Nous avons cependant indiqué l'équivalent bourouchaski donné par Iqbal Hussein. La mention d'un terme équivalent purement bourouchaski dans l'entrée d'un mot khowar indique donc généralement que ce mot n'est pas intégré à Darkoṭ.

4. Représentation phonologique.

Nous avons utilisé le système de transcription proposé par Berger et ordonné les mots suivant le même ordre alphabétique, soit: *a, b, c, č, ç, d, ḍ, e, f, g, γ, h, i, j, ĵ, k, kh, x, l, m, n, ŋ, o, p, ph, q, r, s, š, ṣ, t, th, ṭ, ṭh, u, w, y, z, ž*. Ce système de transcription est dérivé de celui des indianistes: *c* représente l'affriquée dentale sourde, *j* l'affriquée palatale sonore, *y* le yod. Les diacritiques pour les rétroflexes et les palatales sont respectivement un point sous le caractère, ex. *ç*, et le háček, ex. *č*; *x* note la fricative uvulaire sourde, *γ* la fricative uvulaire sonore correspondante, *ŋ* la nasale vélaire et *q* l'occlusive uvulaire sourde. Les voyelles longues sont notées à l'aide d'un tiret au dessus du caractère, ex. *ā*, les voyelles accentuées, à l'aide d'un accent aigu, ex. *á*.

Dans ces transcriptions nous n'avons consigné que la forme prononcée lentement, notamment nous n'avons pas cité les formes syncopées avec absence d'une voyelle atone dans une syllabe initiale, lorsque cette voyelle est suivie de *r, l*, ou *h*, comme dans *burúm* → *brum* «blanc», *behék* → *bhek* «saule», sauf lorsque la forme syncopée s'observe aussi en débit lent. En particulier, nous n'avons pas retenu comme entrée nouvelle un mot syncopé qui apparaît sous sa forme non-syncopée dans Berger.

Enfin, on observe fréquemment des alternances entre *e* et *i*, d'une part, et *o* et *u*, d'autre part, en position non-accentuée; nous n'avons donc pas retenu comme entrée nouvelle un mot où seule cette variation est en jeu.

5. Indications morphologiques.

Les entrées précédées d'un trait d'union sont soit des suffixes, soit le plus souvent des mots requérant un préfixe personnel. Les préfixes personnels sont utilisés devant certains noms pour indiquer la possession inaliénable, ex. *-cér* «intestin» apparaît normalement avec un préfixe comme dans *gucér* «ton intestin»; ils sont utilisés devant certains verbes où ils indiquent l'accord. Il en existe quatre sortes que comme Berger nous avons distinguées en ajoutant des diacritiques (ce qui donne les quatre formes: -, ⁀, ⁀, ⁀). La présence d'un préfixe et sa forme est en partie idiosyncrasique et en partie déterminée par les règles de dérivation morphologique (causatif et bénéfactif). Les entrées suivies d'un trait d'union sont des radicaux verbaux, qui sont normalement suivis d'une terminaison verbale.

La marque du pluriel est indiquée après les noms et les adjectifs. Elle s'attache en principe directement après l'entrée au singulier, ex. *ačaɣésti -ŋ* pour *ačaɣésti* pl. *ačaɣéstiŋ*. Lorsque le radical subit des changements, on trouvera indiquée la dernière syllabe du radical suivie de la marque du pluriel, ex. *auzín -zíu* pour *auzín* pl. *auzíu*; toutefois lorsque le changement du radical se limite à la palatalisation de sa consonne finale, seule celle-ci est indiquée et non la dernière syllabe, ex. *čirkánas -šu* pour *čirkánas* pl. *čirkánašu*, dans ces cas aucune ambiguïté n'est possible, car il n'y a pas de suites consonantiques telles que *sš, ṣš, cš, cč, çč* dans la langue. Dans tous les cas de formation complexe du pluriel, la forme complète est indiquée.

Lorsqu'un mot présente plusieurs formes du pluriel, la forme la moins productive a d'abord été notée, car il y a plus de chance pour qu'elle représente le pluriel originel. La classe morphologique d'un non-humain est complètement prévisible à partir de sa forme du pluriel. Lorsque le pluriel n'existe pas, ou que nous ne l'avons pas recueilli, cette classe a été explicitement notée *x* ou *y* selon la terminologie introduite par Lorimer. Les adjectifs, en principe, prennent les marques régulières du pluriel, c'est-à-dire *-iŋ* pour la classe y et *-išu* ou *-mu* pour les autres classes. La plupart du temps nous n'avons indiqué que les pluriels irréguliers.

Certains verbes présentent un préfixe *du-/di-/d-* dont le sens n'est pas toujours très transparent. Ce préfixe n'a pas été pris en compte dans le classement alphabétique; on trouvera donc l'entrée du verbe *d⁀c-* juste après l'entrée du verbe *⁀c-*. D'autre part la consonne initiale *y* ou *w* d'un radical verbal peut être effacée par un processus phonologique régulier lorsqu'elle est précédée d'une voyelle *i* ou *u* respectivement. C'est ainsi que le verbe *di-yé-* est normalement prononcé *di-é-*. Nous avons décidé d'entrer de tels verbes sous les lettres *y* et *w* et non pas sous la lettre de la voyelle suivante (contrairement à Berger qui entre, par exemple, *di-é-* sous la lettre *e*). Ces deux conventions permettent de regrouper plus efficacement des verbes qui sont morphologiquement reliés. En règle générale, nous avons rassemblé les verbes dont les liens morphologiques sont évidents ou qui sont dans un rapport de supplétion. Des renvois permettent de trouver facilement l'entrée principale d'un verbe dont la localisation est problématique. La plupart du temps nous n'avons pas noté les verbes dérivés lorsque leur forme et leur usage étaient entièrement prévisibles. Tel est souvent le cas des verbes dérivés avec un préfixe de type I ou de type II bref, mais les causatifs préfixés en -s- sont toujours indiqués. Enfin certains verbes opposent des formes non-préfixées à initiale en t- à des formes préfixées à initiale en -lt-. L'entrée principale de ces verbes se trouvera sous l lorsque la forme préfixée n'est pas dérivée, ex. -ltask-/task-, et sous t dans les autres cas, ex. tá-/⁼ltá-.

Les verbes sont régulièrement suivis du suffixe du présent, ex. bal⌐ -ič- pour bal⌐ prés. balíč-. Nous suivons ici les mêmes conventions que pour le pluriel des noms lorsque le radical subit un changement au présent. Après le suffixe du présent, nous indiquons l'absolutif et le radical du pluriel lorsque nous les avons observés.

6. Conclusion.

Tel qu'il est, le lexique que nous présentons apporte une information complémentaire aux travaux lexicographiques antérieurs. Il permet de faire prendre conscience de l'importance du travail qui reste à faire. Dans une étape ultérieure, nous projetons de l'intégrer dans un dictionnaire systématique du bourouchaski. Compte tenu de l'ampleur du travail, il nous est apparu nécessaire de publier les premiers résultats de cette recherche lexicographique.

Nous ne saurions terminer ces remarques préliminaires sans nous acquitter de notre dette de reconnaissance envers l'Université de Montréal, le Conseil des Arts du Canada et le Conseil de Recherches en Sciences Humaines du Canada qui ont subventionné à plusieurs reprises les recherches que nous avons entreprises sur le bourouchaski. Nos remerciements vont également à Paul Bratley, Bernard Derval et son équipe, du département d'Informatique et de recherche opération- nelle, qui ont pris en charge la photo-composition de ce lexique, ainsi qu'à Oksana Boutchatzky qui a rempli à merveille la tâche ingrate de transcrire notre manuscrit.

RÉFÉRENCES

Berger, Hermann. 1974. *Das Yasin-Burushaski (Werchikwar)*. Wiesbaden: Otto Harrassowitz.

Craven, Thomas. 1911. *The new royal dictionary. English into Hindustani and Hindustani into English*. Lucknow: Methodist Publishing House.

Ferozsons. *Urdu-English dictionary*. Revised edition. Lahore: Ferozsons Ltd.

Fussman, Gérard. 1972. *Atlas linguistique des parlers dardes et kafirs*. Paris: Ecole française d'extrême orient.

Grierson, G.A. 1919. *Linguistic survey of India, vol. VIII, part II: Indo-Aryan family, North-Western group, Dardic or Pišācha languages*. Delhi: Motilal Banarsidass.

Lorimer, D.L.R. 1935–38. *The Burushaski language I, II, III*. Oslo: Instituttet for sammenlignende kulturforskning.

Lorimer, D.L.R. 1962. *Werchikwar-English vocabulary*. Oslo: Instituttet for sammenlignende kulturforskning.

Morin, Yves-Charles et Louise Dagenais. 1977. «Les emprunts ourdous en bourouchaski», in *Journal Asiatique* 265, 307–343.

Morin, Yves-Charles, Jurgen Pesot, Étienne Tiffou. 1979. «Lexique complémentaire du bourouchaski du Yasin», in *Journal Asiatique* 267, 137–153.

Sabri, Makhdoom. *Home dictionary: Urdu to English*. Lahore: Malik Book Depot.

Tiffou, Étienne et Yves-Charles Morin. 1982. «Études sur les couleurs en bourouchaski», in *Journal Asiatique* 270, 363–383.

Tiffou, Étienne et Jurgen Pesot. *Contes du Yasin. Introduction au bourouchaski du Yasin avec grammaire et lexique analytique*. (à paraître)

Turner, R.L. 1966. *A comparative dictionary of the Indo-Aryan languages*. Londres: Oxford University Press.

Zarubin, I.I. 1927. «Veršikskoje narečije kandžutskovo jazyka», in *Zapiski Kollegii Vostokovedov II. vyp. 2. Izd*. Leningrad: Akademija Nauk SSSR, 275–364.

LISTE DES ABRÉVIATIONS

a.	anglais	L.	Lorimer
B.	Berger	lit.	littéralement
bou.	bourouchaski	loc.	locution
c.a.	cas absolu	ou.	ourdou
cf.	confer	p.	persan
d.pl.	double pluriel	pl.	pluriel
ex.	exemple	qq.	quelqu'un
exp.	expression	qqch.	quelque chose
ext.	extension	rad.	radical
fig.	sens figuré	sg.	singulier
h.	humain (masculin et féminin)	sh.	shina
hom.	homonyme	s.p.	sens particulier
hx	humain et/ou classe x	subs.	substantif
hz	hounza	syn.	synonyme
hzm	hounzaïsme	tr.	transitif.
id.	idem	v.	voir
interj.	interjection	wa.	wakhi
intr.	intransitif	x	classe x
kh.	khowar	y	classe y

a

ačaɣésti -*ŋ* couture en piqué.

adít y dimanche. (ou.)

áh -*t*- séparer des combattants.

ainák -*išu* lunettes ;syn. *česmá*. (ou.)
   ainák dél- mettre ses lunettes.

aindá dorénavant, désormais. (ou.)

aíšen pl. *aúšu* (**B.**) hôte.
   loc. *aíšen* -*t*- (sg.), *aúšu* -*t*- (pl.)
   inviter; *jā ne aíšen éta* je l'ai invité; *jā*
   we aúšu óta je les ai invités.

aít y fête; désigne en particulier le jour de
   fête où l'on célèbre la fin du Ramadan. (ou. *īd*)

ajél y agonie, mort. (ou.)

ajíz -*tiŋ* -*išu* (**B.** *ājiz*) résigné, soumis. (ou.)

akhéṣ -*taru* (hx) -*iŋ* (y) étrange, curieux à
   voir (**B.** *akhéṣ* -*išu* -*ek* bizarre, rare).
   (sh.)

akhúrum (**B.**)
   loc. *akhúrum xáṣ* jusqu'à présent,
   jusqu'à maintenant.

axrát y le jardin d'Allah où se trouvent le
   paradis et l'enfer. (ou.: *āxirat* la vie
   future)

axtá -*mu* bœuf, cheval ou âne castré
   (aussi adjectif).

al salpêtre impropre après traitement (cf.
   di-ál- «être abondamment mouillé», le
   traitement se faisant par lavage).

alačí -*mu* cardamome. (ou.)

alák postp. sans (régit l'ablatif -*cum*, peu
   usité); *šakárcum alák* sans sucre. (ou.)
   loc. *alák ét*- séparer, mettre à côté.

alám -*išu* drapeau, banderolle.

alɣaniwár -*iŋ* air de danse. (kho.)

álka -*mu* œilleton.

allahakbár y fiançailles, plus précisément
   la deuxième rencontre des familles
   avant le mariage (le terme vient du
   début de la prière rituelle récitée à
   l'occasion de cette cérémonie).
   On distingue quatre rencontres
   avant le mariage. Lors de la première,
les pères des futurs époux se mettent
d'accord (*jáɣa aúien* «ils me le
donnent»). Lors de l'*allahakbár*, le
père du marié offre un présent pour la
mère de la fiancée ainsi qu'une somme
d'argent. A la troisième rencontre
(*dómaki*) il offre deux taureaux et
reçoit en échange une vache. Pour la
quatrième visite (*muyánum*), le père du
prétendant achète pour la mariée un
ensemble blanc comprenant voile,
habit et chapeau.

amán paix. (ou.)

ambúr -*iŋ* tenailles.

amírišu v. *mir*.

anár -*išu* mangue. (ou.)

ándar chargée, en parlant de la langue
   lorsqu'on est en mauvaise santé.
   (kho.)

aphiuní -*mu* fumeur d'opium. (ou.)

áqal y intelligence; *jā áqal duá* je suis
   intelligent. (ou.)
   dér. **áqalman** intelligent; *ja áqalman*
   ba je suis intelligent.

aqedá y croyance. (ou.)

arabá -*mu* roue de véhicule.

arám y paix, calme; doucement, tranquil-
   lement. (ou.)

áraz -*iŋ* (**B.** pl. *árziŋ*) prière. (ou.)

armarí -*mu* armoire. (ou.)

arzán -*iŋ* bon marché; syn. *sastá*. (ou.)

arzí -*ŋ* demande, requête auprès d'un
   fonctionnaire. (ou.)

asaqál -*išu* vieillard (**B.**); exécutant de
   l'agent responsable de la perception
   des impôts à l'époque des Thams (v.
   hilbá).

asmán y (x attesté) ciel. (ou.)

asmaní bleu. (ou.)

ašéq -*išu* (**B.** *āšéq*) amoureux; *ne jáce ašéq*
   bái il est amoureux de moi; envieux;
   (v. *išq*). (ou.)

ātáš y sg. et pl. feu. (ou.)

auzín -*ziu* abdomen, ventre au niveau des
   intestins.

awarsír -*išu* contremaître, technicien. (ou.
   < a. *overseer*)

b

bac -*iŋ* (B.)

dér. **bacíŋkiş** en pente, irrégulier (en parlant d'un champ).

badaɤší -*mu* type de cheval (lit. cheval de *Badaɤšan*, ville d'Afghanistan).

badǎm -*išu* (x) -*iŋ* (y) amande (x); amandier (y). (ou.)

báikus mois d'hiver; *hawélum báikus* décembre, *mákučum/íljum/altóum báikus* janvier, *axelí báikus* février (correspondances approximatives). (*bái + -kus*)

bakšawár -*iŋ* (B. *bekšawár*) air de musique qui accompagne au polo le dégagement (*tambúk*) de la balle par celui qui a marqué le but. (kho.)

baxtá -*mu* mouton (à queue large).

bal⌐ -*íč-* (pour y sg.), **-wál-** (pour hx sg. et h pl.), ²**gía-** (pour pl.) tomber, prendre (en parlant du feu), souffrir de (une maladie), *phu húnce balí* le feu a pris sur le bois, *tatáɤar(e) guwála* tu es fiévreux.

loc. *ílji -wál-/gía-* être enceinte, *ílji uwálum/gíam ban* elles sont enceintes.

d'où, par suplétisme, **bišá-** -*č-* (pour y sg.), **-waš-** -*č-* (pour hx sg. et h pl.), ²**gi-** -*ç-* (pour y pl.), **gú-** -*ç-* (pour hx pl.) laisser tomber, faire tomber, jeter; planter (un arbre); pondre; verser (une poudre); enlever (des vêtements); étendre (des vêtements); *híre sigaréṭ wáši* l'homme fit tomber la cigarette, *híre noṣ bišái* l'homme planta le jeune arbre, *jā biáɤa iṣqá gía* j'ai jeté des herbes à la vache, *jā gaṭúnc gúya* j'ai ôté mes vêtements, *jā puṣ sǎce bišáya* j'ai étendu ma chemise au soleil, *qarqámušu ṭiŋáyu gúçum bién* les poules pondent des œufs.

loc. *-yár -wáš-/gú-/etc.* poursuivre; *muyár muwáša* je l'ai poursuivie.

loc. *ílji -wás-/gú-/etc.* dépasser, faire l'amour à (une femme); *jǎ we gušíŋa ílji gúya* j'ai dépassé les femmes, j'ai fait l'amour à ces femmes.

d'où, par dérivation, **=spal-** -*č-* laisser tomber (vraisemblablement au sg. seulement, l'opposition avec les verbes de la rubrique précédente n'est pas claire).

d'où, par dérivation sur les formes supplétives, **=biša-** -*č-* (pour y sg.), **=waš-** -*č-* (pour hx sg.), **=gi-** -*ç-* (pour y pl.), **=gu-** -*ç-* (pour hx pl.) faire jeter, faire planter; etc.

loc. **=ski =biša-** faire comprendre qqch. à qq.

baláç (B. *baléç*) unité d'échange, équivalente à la valeur de 12 chèvres (B.) ou d'un bœuf. Autrefois cette valeur était estimée à 24 roupies. (kho.)

bálaf -*išu* ampoule électrique. (ou. < a. *bulb*)

balaşṭíŋ -*iŋ* explosion. (ou. < a.)

balcaŋgé -*ŋ* (B. *balcangí*) planche plate pour façonner le chapati (utilisée seulement par les femmes; les hommes façonnent les chapatis à la main).

báldan pierre à aiguiser (B.).

loc. *báldan d⌐l-* aiguiser.

balkáş -*káhaŋ* -*iŋ* niche murale (normalement utilisée pour le rangement) (B. ne note pas le pluriel et donne un sens différent). (cf. *balk*)

balú -*č-* (pour y), **-wálu-** -*č-* (L., mais B. -*wǎl-*) (pour hx), pl. **-wǎlja-** être perdu, être ruiné.

d'où **=spalū-** perdre (B. ²=*spal-* a été refusé).

bandobár -*iŋ* attache de bandoulière. (sh., kho.) (cf. B. ³*bar*)

banén -*iŋ* tricot, maillot; *horóɤo banén* maillot de corps. (ou.)

baŋgalá -*ŋ* bungalow (maison basse pourvue d'une véranda). (ou.)

bap ⌐*išteru* grand-père (B.); par ext. vieillard. (kho.)

baq dans l'expression *baq phát ét-* laisser aller, relâcher soudainement.

baqayá y solde à payer. (ou.)

bar -*iŋ* (B. ³*bar*) la largeur d'une pièce de tissu (et non B. «bande de tissus»), s'oppose à *gaz*, longueur; *kaṭoɣáre bar* largeur du tissu. (kho., sh.)

bardáš y patience.
    loc. *bardáš ét-* patienter, supporter. (ou.)

baríčum -*iŋ* battage des grains (cf. *bar⸌* battre le grain).

barkáš -*u* balance; plateau de la balance (confusion chez B. avec *barqáṣ*, noté *barkáṣ*).

barmá -*mu* -*iŋ* chignole, villebrequin, foret manuel à manche, mèche, vis (x); trou fait par un de ces outils (y). (ou.)

barpéṭ -*iŋ* (B.) courroie en général (B. courroie de cuir); par ex. les courroies d'entraînement des lisses du métier à tisser. (sh.)

barqáṣ -*qáraŋ* déménagement (confusion chez B. avec *barkáš*, noté *barkáṣ*).

bartál -*ju* sorte de pigeon sauvage de montagne. (*bar + tal*)

barténç -*téraŋ* -*iŋ* rebord de bois devant le foyer (v. *šutúm*); aussi *phéče barténç*.

bartún -*túyu* poulie (attesté dans le vocabulaire du métier à tisser: poulie des courroies d'entraînement des lisses).

barwazí -*ŋ* air de danse.

bas assez! (B). (ou.)
    loc. *bas ét-* cesser; *we húri doró bas éten* les hommes cessèrent de travailler. (ou.)

bās *ét-* se disputer; *altán húri úya háraŋ bās éten* deux hommes se disputaient.

báscel *ét-*, **béṣcel** *ét-* arroser pour la troisième fois de l'année. (*bas, beṣ + cel*)

bastá -*ŋ* courroie pour porter en bandoulière (attesté pour la courroie du cartable). (kho.)

bašgíli bonde du récipient à levain (*barɣóndokiṣ*). (? + *gíli*)

báṣqar -*iŋ* (B.) sorte d'arbre épineux (la définition de B. correspond à celle de *baṣqarikán*).

baṣqarikán -*káyu* cheval de Báṣqar (région de Chitral?); sorte d'arbre au bois très dur, qui sert à faire des arcs.

baṭá -*tiŋ* (h) -*mu* -*iŋ* chauve, sans corne (hx); sans toit, en ruine (y); (B. note hx seulement).
    baṭáiŋ (subs.) ruines.

baṭirí -*mu* pile électrique. (ou. < a.)

bayá -*ŋ* (B.) semelle.

---

exp. *gaṭú bayá* partie inférieure des pantalons.

beç ⸌-*iŋ*, **beẓ** ⸌-*iŋ* insigne. (ou. < a. *badge*)

bedín -*dĩu*, **bidín** -*dĩu* 1. incroyant, athée. 2. gros mangeur. (ou. incroyant)

bégamun -*muyu* gros mangeur, goinfre.

beɣéli -*mu* au regard fixe (yeux grand ouverts).

behél -*išu* bon, obéissant. (ou.)
    loc. *behél ét-* féliciter, apprécier.

behešti -*mu* qui craint Dieu (cf. B. *behéšt* ciel).

behúš -*išu* inconscient, hors de soi (en colère). (ou.)
    exp. *behúš -mán-* s'évanouir, être inconscient.

beimán -*mãyu* infidèle; fig. personne peu recommandable. (ou.)

bemarí maladie. (ou.)

benúxc en bonne santé. (ou. *benuqs*)

berbādí -*ŋ* ruines, déchets (cf. *berbắt*). (ou.)

berbẳt ruiné, anéanti (propre et fig.). (ou.)
    exp. *berbẳt ét-* détruire.

berúxt couleur; pour certains marron, pour d'autres bleu-beige clair.

beškḗ (B. *biškḗ*) pl. poils, cheveux, laine.

béṣcel *ét-* v. *báscel*.

biabắn -*iŋ* désert (B. ne note ni la longue ni le pluriel).

biákus seau (utilisé à Darkoṭ).

biákuṣ -*kuaŋ* étable (B.); locat. *biákuṣi*.

biči (B.), **bič** fade (sans sel, sans sucre).

bihái -*miŋ* maladie. (ou. *be + haiy*)

bijilí -*mu* électricité (sg.); lampe électrique (sg. et pl.). (ou.)

bilɣár (B. *biɣár*) graine, semence (légumes et herbes, à l'exclusion des céréales). (kho.)

biráq *ét-*, **braq** *ét-* roter (hom. de B. *biráq ét-* piocher).

birbíndan -*jo* (L.) crapaudine de pierre sur laquelle pivote l'axe du moulin (v. *patári*). (*birbín + dan*)

bisárṣ -*raŋ* (B.) **biṣáṣk** *bisáraŋ* (L.) faucille.

bistrá -*ŋ* literie. (ou.)

bišá-, ⸌**biša-** v. *bal⸌*.

bodokí couleur qui tend vers l'orange.

bóḍi attesté dans l'exp. *bóḍi ⸌meṣ* pouce.

boíŋkus x mois de la fête des semences (avril?). (*boiŋ + -kus*)

bonḍarí y sg. et pl. frontière. (ou. < a.)

borj ⸌*išu* femelle de l'épervier (s'oppose à ²*čup* B.). (kho.)

boróndo *-ŋ* anneau, par opposition à «bague» qui se dit *gikín, kikín* (B. note les deux mots sans les distinguer clairement).

bōṭ (B. *boṭ*) y soir.

    bóṭum adj. du soir; *bóṭum páqo* dîner, repas du soir.

bōṭ *÷iŋ* tableau (école), panneau. (ou. < a. *board*)

braq v. *biráq.*

broq *ét-* avaler de travers.

bú- *-ç-* pl. **bűya-** *-č-* sécher (intr.).

    d'où **du-hú-** *-ç-* pl. **duhúya-** sécher (intr.).

    d'où *÷***spe-** *-ç-* (B. *÷spi-* refusé) sécher (tr.).

búbu *-mu* (B.) bourdon, insecte bourdonnant (B. coléoptère noir volant). (kho. *búmbur*)

búiki *-čiŋ* repas d'enterrement, aussi *xudái búiki* (B. donne un sens différent).

buxári *-mu -ŋ* poêle (x), cheminée (y).

bul *-éŋ -áŋ* source, puits.

bulá *-mu* sorte de gros oiseau sauvage comestible, ou. *ramčakōr.*

bulắni *-mu*

    1. nain.

    2. tripes préparées en petits paquets.

bulásqor *-išu -iŋ* espèce de fleur mauve, poussant le long des canaux d'irrigation au printemps (x); carré de ces fleurs (y). (kho.)

bulắṣ *-láha* (B.) sans enfant, stérile; aussi sans lait; *biá bulắṣ mani* la vache est tarie.

bulukáli *-ŋ* (B. *bulukále*) plat d'hiver composé de petits morceaux de viande, de farine, d'ail et d'oignon (B. donne «roux»).

būm séché (fruits et légumes), **buyám** sec (bois, etc.). (cf. *bú-*)

búmbal *-išu* malléole interne (cf. B. *búmbal tén*); s.p. butées de différents instruments (ex. butées de chaque côté de l'axe de la roue du rouet); volant du fuseau.

bumbarák y bravo, félicitation (interj.). (ou. *mubārak*)

burj *÷iŋ* coin, encoignure.

burű- *-ç-* pétrir (*burűm* s'oppose à *burúm* blanc).

bűru *-ŋ -miŋ* (B. *búru*) sorte de buisson épineux.

    bűru čaṣ épine propre à ce genre de buisson.

burúl *-išu -iŋ* couleur pâle, gris, gris-beige.

burúš *-iŋ* brosse. (ou. *burš* < a.)

but *-ánc* idole. (ou.)

but-pharás *-išu,* **but-pharást** *-išu* idolâtre.

buyám v. *bűm.*

buzúrk *-išu -zúrgišu -zúrtiŋ* ermite, saint homme. (ou. *buzurg*)

C

apporter.

d'où **dóc-** *dőš-* envoyer (vers l'endroit de référence).

culdár *-išu* (B.) mâle non-castré (en parlant du taureau, du bélier, du buffle et du yak).

loc. *culdára -mán-* vouloir le mâle; *culdáre biá yáni* le taureau saillit la vache, *culdáre biá dikháti* id.

d⁺c- *-š-* fermer (une porte) (B. «enclore un terrain» semble être une confusion avec *d-ši-*).

d'où **d⁺c-/⁺dec-** faire fermer.

cámanum *-mayu* aîné.

cáq-legíni *-mu* luette. (kho.)

⁺car- v. *⁺yancar-*.

-cér *-iŋ* (B. *-cériŋ*) intestins; *dayánum cer* gros intestin, *biénum cer* petit intestin.

di-cíkin- (B. aussi *di-cígin-*) *-ki-* pendre (intr.)

d'où **d⁺cikin-** *-ki-* pendre (tr.), accrocher; faire trembler (en parlant de la fièvre), *tatáyare dácikini* la fièvre me fait trembler.

cimák *-išu* tamis fin en poil (pour la farine, etc.).

cip *ét-* (et non B. *cípi ét-*) cligner des yeux, avoir les yeux qui papillottent.

cip ⁺*t-* faire cligner des yeux, *jā gő cip gőta* je t'ai fait battre les paupières.

cipíri *-mu*, **cipírikiş** *-kia* personne affligée de papillottement.

cirík *-išu* petit oiseau sédentaire à tête noire. (kho.)

colyőm *-iŋ* (B. *colyóm*) plat d'hiver composé de viande et de chapatis coupés en lanières, cuits dans l'eau avec du fromage et des oignons, et assaisonnés de piment et de sel.

crap *ét-* arrêter (une fièvre, un cours d'eau, une fuite, etc.).

-cú- *-č-* emmener, emporter, prendre femme (l'emmener de la maison paternelle).

d'où **⁺c-** ⁺*cuč-* faire emmener, faire emporter.

d'où **óc-** *óš-* envoyer (de l'endroit de référence).

d'où **du-cú-** *-č-* (pour y) (B. *sú-* refusé par certains), **d⁺c-** *d⁺š-* (pour hx) amener, apporter.

d'où **d⁺c-** faire amener, faire

Č

čabí -*mu* clé, dans la loc. *čabí d⸝l-* remonter une montre. (ou.)

⸝čačar- -*č-* moudre gros. (*čačárum*)

čačír -*išu*, **čančír** -*išu* (B.)
   mamū̃ čančír espèce de chardon dont la racine exsude un latex lorsqu'on la brise.

⸝čaɣor- laisser refroidir (par opposition à B. *d⸝čaɣor* faire refroidir), *ne híre páqo ayéčaɣori* l'homme a fait en sorte que la nourriture ne refroidisse pas.

čaɣórumkuṣ subs. froid.

čahalík, čahlék (B. *čahlík*) -*iŋ* foyer à quatre coins autour duquel s'assoient les gens.

¹čak *ét-* (B.) racler, évider, égaliser une pièce de bois avec un racloir (*mánç*).

²čak *gí-*, **čak** *di-yé-* avoir des courbatures; *jā ašā̃k čak di-yéi* j'ai attrapé une courbature au bras.

čakár y promenade. (ou.)

čakú -*ŋ* couteau de poche. (ou. *čāqū*)

čamáx -*iŋ* (B.) 1. briquet.
   2. dans le fusil *siakhamán* le briquet comprend aussi la poche où l'on met le *xap* (v. ce mot).

čan -*iŋ* bouillie faite de blé concassé, de viande, d'eau et de sel.

¹d⸝čan- *d⸝čai-* diminuer la largeur. (*čanúm*)

²d⸝čan- *d⸝čai* avoir besoin de, *já altó tha rupayá dáčana* j'ai besoin de deux cents roupies. (prob. relié à ¹**d⸝čan-**)

čanás homme dur à la peine; *jawá čanás maní ka doró balúčimi* si le paresseux se met à travailler, le travail est gâché.

¹čaní (B.) -*ŋ*, **čáni** chair de la noix.

²čaní -*mu* burin.

čantóro -*mu* personne ayant un ou plusieurs doigts supplémentaires.

čaŋgú-jaɣáci cul-de-jatte.

čáp *ét-* taper à la machine. (ou.)

čapáli -*mu* tache de vin, cicatrice de brûlure.

čapléi -*šu* sandale. (ou.)

čaqár -*išu* (B.) fourche à deux dents, fourche d'un chemin (voir également *kuná*).

čaqṍti -*miŋ* trouble, ennui; *gárule čaqṍti maní* la noce est mal réussie.

čarbú -*tiŋ* (B.) personne qui exerce les fonctions du Tham en son absence (B. veilleur de nuit).

čardaɣés -*išu* -*ɣéšu* muret délimitant le seuil intérieur (*héqai*) du dortoir (*man*).

čardé (B.) étalon (cheval, âne); on forme avec ce terme des expressions analogues à celles qu'on forme avec *culdár*: *čardéɣa* -*mán-*, *čardé* -*yán-*; on a également *haɣór čardé maní* le cheval fait une saillie, *haɣór čardéɣa maní* la jument est en chaleur.

čaré -*mu* plante des endroits désertiques.
   mamū̃ čaré plante de la même famille, à latex, dont les Yasinais utilisent la racine pour se nettoyer les dents.

čaréni -*mu* petite bourse où l'on met les chiffons pour graisser et nettoyer le fusil.

čārpahlú parallélépipède, quadrilatère. (ou.)

čarsí -*mu* fumeur de hashish. (ou.)

čast *ét-* déchirer, arracher.

čatánu -*mu* linteau de porte ou de fenêtre.

čaṭáni hachis de *joróṭi* (abricots verts) et de menthe. (ou. *čaṭni* «sauce»?)

čeq -*ánc* (B. *čiq*) petit pétrin.

čeqér (B. *čaqér*) personne ou animal aux yeux clairs.

čēr y pl. semoule.

čérmek -*išu* fourchette de support du fuseau du rouet.

češmá -*mu* lunettes. (kho.)

čiḍí y trèfle (aux cartes). (ou.)

čikít -*a* -*išu* fusil à baguette, à culasse rapportée, tirant des chevrotines.

čilimčín -*číu* cuvette. (ou.)

čilkí -*ŋ* demi-roupie.

čilpák -*išu* sorte de gâteau, consommé notamment le jour de la fête qui suit le Ramadan. (kho.)

činḍṍ ⸝*t-* porter sur les épaules (cf. *ḍō* ⸝*t-* porter à califourchon).

čirkánas -*šu* pierre(s) permettant de passer à gué (cf. *čirkán-*).

¹**čok** point le plus haut; sommet d'une montagne, du crâne, etc. (B. vertical).

²**čok** ⊥*išu* nom d'une espèce d'oiseau.

čórana un quart de roupie. (kho.)

čorpóŋgi -*mu* qui marche à quatre pattes (bébé, infirme, ...). (kho.)

    loc. *čorpóŋgi d⊥l-* marcher à quatre pattes.

čuk-čuk *ét-* couper en petits morceaux.

čumúṣ -*iŋ* rhume (cf. *múṣ ét-* respirer difficilement).

    loc. (B.) *čumúṣ -man-*, *çumúṣ -man-* s'enrhumer.

čuná chaux vive (x sg. et pl.); chaux éteinte (y pl.).

čupár vache à la robe rayée.

d⊥čuria- -*č-* presser, masser (B.); défaire les cheveux.

čut⊥ -*ič-* tomber goutte à goutte, dégoutter; s'écouler finement (poudre); bruiner, *daú čutí* il bruine.

    d'où ⊥**čut-** faire tomber goutte à goutte.

čuturóɣ -*iŋ* écoulement d'eau, en particulier, fuite d'eau par le toit de la maison.

čuṭí -*ŋ* congé. (ou.)

Ç̣

-**çán** (B. *çan*) vide, désœuvrement; *jáγa açán duá/jā açán duá* je n'ai rien à faire.

çan *ét-* vider.

çançórikus x mois d'automne (mois des feuilles mortes). (*çançóriŋ* + *-kus*).

çar *-iŋ* urine, pisse.

çeçér *-išu* sorte de petit oiseau. (kho.)

çéxi *-mu* corne de chèvre, de vache; crochet (en particulier du réceptacle à grain *ḍor* dans le moulin).

çen *çíu* oiseau (B.).

    biá çen espèce de petit oiseau.

    haré çen espèce de petit oiseau (moineau?).

çok qui remonte vers le haut (cf. *múṣpuṭ çok*).

çúrk- *-rč-* (B. *çúrk-*) traire.

çh

çham (B. [1]*çam*) affamé (s'oppose par
l'aspiration à B. [2]*çam* peine).

d

dā (B. *da*) et puis, alors, encore, or.

dāɣ -*iŋ* bouton de la peau. (ou.)

daɣó -*ŋ* colle (**B.**); cette colle est faite avec de la peau de yak, de buffle ou de vache coupée en minces lanières bouillies dans de l'eau.

dairá -*mu* cercle. (ou.)

dakxaná -*ŋ* bureau de poste. (ou.)

¹**dam** -*iŋ* fil d'une lame.

²**dam** souffle, respiration.

    dam ét- souffler. (ou.)

damén -*iŋ* mesure (de poids, de longueur etc.) (cf. **B.** *damén-* peser, mesurer).

damén͈ç -*išu* -*iŋ* commande du système d'écartement des meules dans le moulin qui permet de régler la mouture (est constituée d'une barre de bois fixée à son extrémité inférieure au support de l'axe de la meule, *patári*, et comporte à l'autre extrémité des tenons permettant de la maintenir à la hauteur désirée) (cf. **B.** *damén-*).

damkutáh -*išu* asthmatique. (ou.)

damkutahí asthme. (ou.)

    damkutahí ⁼t- haleter.

dan -*jó* 1. pierre (**B.**).

    2. s.p. poids pour peser.

dāp *ét-* (**B.** *dap ét-*) rouler la laine pour la filer. (kho. *dāp*)

darc (**B.** par erreur typographique *darč* mais *darc* p. 18) *darčánc* aire de battage.

daréš ⁼t- (**B.**) attraper au moyen de quelque chose (ex. un animal avec un piège, un collet; de l'eau de pluie avec un seau). (kho. *darík*)

darjét -*iŋ* pus. (ou.)

darséri -*miŋ* -*ŋ* réserve de bois pour l'hiver. (kho.)

darzí -*tiŋ* -*mu* tailleur. (ou.)

dās *dašíŋ* (**B.** *das* -*iŋ*) endroit désertique dans la montagne.

dast y sg. poignée de main. (ou.)

dastá -*ŋ* poignée (d'arc, de sac, etc.). (ou.)

dáštik -*iŋ* foyer secondaire derrière le foyer principal (*ṣutúm*).

daṣṭí -*mu* -*ŋ* réserve de viande pour l'hiver; sur pied (x), abattue (y).

datúkus mois d'automne, *hawélum datúkus* septembre, *mákučum/íljum/altóum datúkus* octobre, *axelí datúkus* novembre (correspondances approximatives). (*datú* + -*kus*)

dawát -*iŋ* invitation. (ou.)

    dawát -*čí-* inviter.

dazbé -*mu* chapelet. (ou. *tasbīh*)

⁼dec- v. *d⁼c-*.

délčin y pl., d.pl. -*iŋ* cannelle. (ou. *dālčini*)

dibáp -*išteru* arrière grand-père. (? + *bap*)

dimsár y hémicrânie, migraine.

dīn ⁼*iŋ* croyant (contraire de *bedín*). (ou.)

dióṣkun -*kuyu* ami ou parent du marié (au nombre de quatre, les *dióṣkuyu* sont chargés d'accompagner le marié lorsqu'il va chercher sa femme dans la maison de ses parents).

    loc. *úšam dióṣkun* v. *úšam*.

dipcón -*cóyu* espèce de tigre à queue courte.

dišáki -*ŋ* -*miŋ* réserve de farine pour l'hiver.

diwatáša salpêtre purifié après traitement.

diwáw -*išteru* arrière grand-mère. (? + *waw*)

dobí -*tiŋ* -*mu* blanchisseur. (ou.)

doɣóikum de midi; *doɣóikum páqo* repas du midi (cf. *doɣói*).

doxná y pl., d.pl. -*iŋ* farine rituelle qu'on jette dans le feu.

dōl fortement; *jā dōl háu éčam ba* je crie fort pour effrayer les oiseaux.

    dōl ét- fermer par pression.

dómaki -*ŋ* troisième visite avant le mariage (v. *allahakbár*).

dondosík y fête de la première dent. (kho.)

drap ⁼*iŋ* jeu de dame, damier.

draṣ *ét-/-mán-* (**B.**) glisser involontairement (s'oppose à *traṣ ét-/-mán-* glisser volontairement).

duá prière. (ou.)

duagú -*tiŋ* -*mu* interprète du Coran, saint homme. (ou.)

dučešmá -*mu* jumelle d'approche (v. *češmá*). (kho.)

dúgu- -*ç*- v. *d⁼gu-*.

duháṭ tornade (fréquent au printemps dans la région d'Oumalcet).

dumbalapúr *-išu* (B. *dambalapúr*) fusil se chargeant par la culasse. (kho. *dumbalapúr*)

dunyá y monde, univers. (ou.)

duŋ *-ánc -ásku* colonne, poteau (B.), s.p. montant du métier à tisser.

durbín *-bíyu* longue vue (cf. *yekčešmá*). (ou.)

durjaxí pécheur. (ou. *dozāx*)

ḍ

ḍábal *ét-* presser le pas. (ou. < a. *double*)

ḍanḍá *-mu* baguette, tige, canne à pêche, fléau de balance etc. (ou.)

ḍarawár *-išu* chauffeur, conducteur. (ou. < a. *driver*)

ḍauḍáu *-iŋ* (B. *ḍáuḍu*) plat à base de chapatis coupés en lanières.

ḍō ÷*t-* (B. *ḍo* ÷*t-*) porter à califourchon. (kho. *ḍōk*)

ḍonṭák *-išu* personne qui a deux dents superposées. (kho.)

¹**ḍṓri** *-mu* ourlet.

²**ḍṓri** *-mu* (B. *ḍóri*) louche en bois; partie du fuseau. (kho. *ḍṓri*)

ḍuq ÷*išu* gibosité.

    ḍuq -mán- (B. *ḍuq -mán-*) enfler.

e

éčoɣon -ɣoyu petit (forme réanalysée de B. ÷čuɣun, ɣéyu).

ehtiát ét- v. extiát ét-.

éken-béken y contine.

extiát ét-, ehtiát ét- prendre soin de. (ou.)

es -mu petit morceau (cf. -is?).

éserum -išu -iŋ aiguisé, affûté. (÷ser-)

éşi -miŋ collier. (÷ş-)

etibár (B. itibár) y confiance; ja néce etibár éta je lui fais confiance. (ou.)

etibārí à qui on peut faire confiance. (ou.)

etiphắq ét- prendre une décision à plusieurs, se mettre d'accord.

g

gabí -*mu* (B.) tuyau; s.p. flûte, fût du fusil, clavicule (*gabí ten*) etc.

gadelá -*mu* matelas. (ou.)

gaḍí -*mu* montre. (ou.)

gal -*júŋ* (B. *gal -jóŋ*) genévrier (sur pied, car les branches se disent *qerqér*).

    gále γóno genièvre.

gál- -*č*- pl. gálja- -*č*- (B.) se briser.

    d'où -gál- -*č*- (B.) pl. -gálja- -*č*- briser.

gaméš -*išu* buffle.

gandá -*mu* personne sale, vaurien. (ou.)

gandagí, gandaí saleté. (ou.)

ganḍári -*mu* au pelage rayé de noir et de blanc; tapis (*pelésk*) où alternent couleurs claires et couleurs sombres.

¹ganṭá y heure, *hek ganṭá duá* il est une heure. (ou.)

²ganṭá -*mu* peson. (ou.)

garaḍí -*mu* moulinet de canne à pêche. (ou.)

garán -*iŋ* difficile (ne peut caractériser qu'une action).

gárc- -*rč*- (B. *gárc*-) courir, partir, se rompre, se casser.

    loc. ⸗*s gárc* avoir la nausée, *júcum ás gárci* les abricots me lèvent le cœur.

    d'où ⸗skarc- pl. ⸗skarča- (B.) faire courir, etc.

garúkus mois du printemps; *hawélum garúkus* mars, *mákučum/íljum/altóum garúkus* avril, *axelí garúkus* mai (correspondances approximatives). (*garú* + -*kus*)

gasmáli pl. anis (y); graines d'anis (x).

gaṭ attesté dans l'exp. -*héṣ gaṭ -mán*- haleter (cf. B. ¹-*gaṭ*).

gaṭ⸗ -*íč*- (B.) piquer, brûler, mordre; *huk gõ gucé gaṭí* le chien t'a mordu.

    loc. ⸗*lči gaṭ⸗* jeter le mauvais œil (sur qq. -*cé*), *gúlči acé gaṭí* tu m'as jeté le mauvais œil.

gaṭbáṭ -*iŋ* confusion; exp. *hále gaṭbáṭ*

même sens.

gaṭú -*nc* pantalons (B.).

    loc. *gaṭúnce γaré manúm bu* elle a ses règles.

gaz largeur d'un tissu (s'oppose à *bar*). (ou.)

germéṭ -*išu* chignole, perceuse. (ou.)

¹gí- -*ç- nukí* pl. gía- entrer.

    d'où ⸗ski- -*č*- faire entrer.

²gí-, gía-, ⸗gi- v. *bal*⸗.

gináni y ancienne fête au Yasin, tombée en désuétude.

gíŋgiṣ -*giaŋ*, gíŋiṣ -*ŋiaŋ* (B. *gíŋiṣ* -*ŋiaŋ*) sac (B. note seulement sac de voyage; en fait les usages du *gíŋgiṣ* sont multiples; c'est dans ce genre de sac qu'on garde les *doxná*).

gir -*iŋ* nuit (hom. de B. *gir* -*iŋ* scie). (kho.)

gír- -*č*- être de couleur; *gaṭúnc matúm gírčum bién* les pantalons sont de couleur noire.

    d'où ⸗skir- -*č*- teindre; *mo gúse gaṭúnc (matúm) óskirčum bu* la femme a teint les pantalons (en noir).

girát- -*ráš*- pl. giráča- -*č*- (B.) danser, jouer; s.p. *méniŋa girát*- avoir des relations coupables avec qq.; *mo gúse meraxóriŋa girátum bum* la femme avait fauté avec l'écuyer.

    d'où ⸗girat- -*raš*- faire danser; s.p. bercer (dans ses bras).

girčá (B.) x pl. parasite du foie du mouton; *bélesce girčá bién* le mouton a des parasites au foie.

girčáp -*išu* pou de la vache et de la chèvre.

girdán -*dáyu* v. *wezmá*.

d⸗girgin- -*gi*- laisser les affaires de travail en désordre.

    d'où d-írgin- (B. *d⸗rgin*-) être laissé en désordre; être emmêlé; *teṭé diírgini, teṭéšku duúrginen* la (les) corde(s) est (sont) entortillée(s). (< *di-gírgin*-)

    d'où B. ⸗rgin- brasser, remuer; ⸗rgin- entortiller, tordre.

góbi -*mu* chou, chou-fleur.

gókoreṣ -*raŋ* (B. *gókoraṣ*) racloir en fer pour pétrin (et non B. cuiller à pâte).

golé -*išu*, goléi -*šu* pilule; pelote de fil. (ou.)

gõn y (B. *gon*) aube (s'oppose à *gon* «allons»).

gónšar (B. *gónšere*) toute la nuit durant, ex. *te thápe gónšar*.

gu⸗-, ⸗gu- v. bal⸗.

d⸗gu- -ç- (B. dúgu-) faire tomber (des fruits) en secouant un arbre. Pour certains locuteurs le pronom préfixe doit renvoyer à un pluriel, mais on relève des formes du type balt dígui il a fait tomber la pomme. L'existence d'une forme d⸗gu- (ne híre mo gus domówaqal ju domỗgui l'homme fait récolter des abricots à la femme) pour tous les locuteurs confirme que le -u- du préfixe n'est pas lexicalisé (v. bal⸗).

guá -tiŋ -išu témoin du mariage devant le sufi.

guá- -ç- (B.) chercher (le sens de ramasser de B. n'a pas été accepté).

gucár- -č- (B.) marcher, s'avancer; fonctionner, etc.

　　d'où ⸗gucar- promener (qq.).

guí -ŋ v. péšen.

guk -ánc (B.) ciseau à bois.

　　pin guk c. à bout droit.

　　ṣur guk c. à bout rond.

　　ṣúli guk id.

　　hur guk c. à bout arrondi de grosse dimension.

gulabí couleur rose. (ou.)

guláp -iŋ rose de couleur rose; peut aussi désigner cette teinte. (ou.)

gulnarí vert-jaune, rouge? (ou.)

gumbát -iŋ cimetière. (? + bát)

gunc ⸗iŋ jour (B.).

　　loc. húka gunc un temps de chien.

gunçáṭ (B.) y sg. matin.

　　gunçáṭum adj. du matin, matinal, gunçáṭum hási petit déjeuner.

gunḍá -mu pédéraste actif. (ou.)

gunjaíš -iŋ solution, issue, capacité (d'un contenant), aptitude, bo gunjaíš aimani il n'y a pas moyen de s'en sortir. (ou.)

guŋgústi -mu zozoteur.

gurgún- -gúi- moudre, écraser (B.).

　　d'où du-gúrgun- -gui- être moulu, réduit en poudre; s.p. s'user (en parlant de la pointe d'un crayon) (à la place de du-gúrguni il a été obtenu une forme duúrgini à réinterpréter peut-être en duúrguni, mais cf. d⸗girgin-).

　　d'où d⸗gurgun- -gui- moudre, écraser.

gusgóyo -mu qui fait un travail de femme, ne hir gusgóyo bái cet homme ne fait rien de bon.

guskúin- -č-, guskín- -č-, ¹guṣkúin- -č- être sans énergie dans son travail, faire mal son travail. (gus + skuin)

gúš- -šč- avoir une fuite (B.), yánji gúši le moulin fuit (une partie du grain se déverse dans l'eau par l'axe usé de la meule); mentir.

　　d'où ⸗skuš- -šč- créer une fuite.

²guṣkúin- -č- regarder dans toutes les directions, inspecter.

guṭ-šákar sucre, cassonade en morceaux. (ou.)

ɣ

da-ɣá- *-č-* se cacher.

d-̈ɣa- *-ç-* (B.) démanger (aussi avec connotation sexuelle), *mómu domṓɣai* ça la démange.

ɣái *-ŋ ɣaɣánc* fil des lisses du métier à tisser. (cf. *ɣamé*)

ɣaibí *-ŋ* événement inattendu. (ou.)

ɣaíp caché, invisible. (ou.)

ɣalát faux, erroné. (ou.)

ɣalimát abondance, suffisant. (ou. *ɣanīmat*)

ɣamé *-čiŋ* (B.) *-iŋ*, **ɣamí** d.pl. *-ŋčiŋ* toile d'araignée; lisse (du métier à tisser).

ɣamún *-múiŋ* sorte d'herbe. (? + *mun*)

ɣā́mun *-muyu* (B. *ɣámun*) corneille.

du-ɣán- (pour y), **d-́ɣan-** *d-́ɣai-* (pour hx) être inutile, être usé, être épuisé (B.).

d'où **∸sqan-** *∸sqai-* (B.) affaiblir, rendre malade, tuer.

d'où **d-̈sqan-** *d-̈sqai-* user, épuiser.

ɣar *-íŋ* (B.) son; pl. chanson.

ɣarbél *-išu* tamis. (ou.)

ɣarés- *-š-*, **ɣarís-** *-š-* rejoindre, accompagner (d'où B. être d'accord).

d'où **-̈ɣares-** *-š-* (B.) mettre ensemble, etc.

ɣaribík *-iŋ* rassemblement, fête avant la transhumance. (kho.)

ɣark-́ porter des fruits (litt. il y a de quoi prendre sur); *tḗce ɣarkí* cet arbre-là porte des fruits.

d'où **-ɣárk-** *-rč-* attraper, serrer.

ɣas-́ *-íč-* (B.) rire (s'amuser de).

d'où **∸ɣas-** *-ič-* faire rire (involontairement), *ḍakṭáre áɣasičum bái* je ris du docteur.

d'où **d-̈ɣas-** (préfixe et désinence coréférentiels) rire (parce qu'on y est incité); (préfixe et désinence non coréférentiels) faire rire (volontairement).

ɣašū́ši *-ŋ* orties. (kho.)

ɣaṣçúnç *-çúyu* (B.), **ɣaṣçún** *-çúyu* sorte de carotte.

du-ɣáṭ- *-ɣáš-* pl. **du-ɣáča-** *-č-* (B. *du-ɣáša-*) être choisi.

d'où **d-́sqaṭ-** pl. **d-́sqača-** choisir.

ɣḗ- *-ç-* (B. *ɣé-*) voler, dérober.

ɣelík changement (attesté dans *sālɣelík* changement de l'année).

ɣému pl. poux de la poule et du canard.

[1]**ɣḗn** (B. *ɣén*) visible.

ɣḗn ét- rendre visible.

[2]**ɣḗn** *-daru* (B. *ɣén*) voleur.

ɣestá v. *xestá*.

ɣṓ- *-ç-* (B. *ɣó-*) fouler.

ɣoçhár *-išu* (B. *ɣuçár*) chute d'eau. (kho. *ɣoçahar*)

ɣodút *-išu* ganglion.

ɣol-́ *-ič-* brûler (intr.).

d'où **ɣól-** *-č-* brûler (tr.).

d'où **∸sqol-** *-č-* brûler (tr.).

d'où **do-ɣól-** pl. **do-ɣólja-** brûler (intr., à la suite d'un acte volontaire).

ɣóltur- *-č-* (B.), **ɣólturkin-** *-ki-* être retourné, avoir le dessus dessous.

d'où **∸ɣoltur-** *-č-*, **∸ɣolturkin-** *-ki-* retourner.

do-ɣón- *-ɣói-* (pour y), **d-́ɣon-** (pour hx) (B.) mûrir (intr.), être mûr.

d'où **d-̈sqon-** *d-̈sqoi-* faire mûrir.

ɣōn *-ašku* chute d'eau (s'oppose à *ɣon* «caille»).

ɣóni *-mu* air, allure, *ja pāgál ɣóni ba* j'ai l'air fou. (kho.)

ɣōr *-́iŋ* crevasse, grotte.

ɣorá *-mu* bosse, enflure.

-ɣórc-, **ɣorc-́**, **ɣór-** *-č-* (B.) couler (intr.), sombrer.

d'où **∸sqorc-** couler (tr.), faire sombrer.

ɣoriašút *-išu*, **ɣorešút** *-išu* qui fait de gros pets (opposé à *phíṣkiṣ* qui fait de petits pets). (*ɣoriá-* + *-šút*)

ɣormíc courbature.

ɣorṓ (B. *ɣoró*) x pl. pierres, pierraille, région parsemée de pierres.

ɣórqon *-qoyu*, **ɣórkon** *-koyu* (B.) crapaud.

ɣórqos *-išu*, **ɣólqos** *-šu* (B. *ɣólkos*) citerne.

ɣosánum (B. erreur typographique) long.

ɣostá v. *xestá*.

ɣoṭ (B.) *-ṓ* muet; idiot.

ɣoṭamús *-iŋ* désordre, bouleversement; foule.

ɣoṭúm *-iŋ* (B.) s.p. endroit dans la maison. Il y a deux *ɣoṭúm* (*gusíŋa ɣ.* celui des femmes et *hurí* γ. celui des hommes) situés de part et d'autre du foyer (*šútum*).

ɣulmadí (B.) *-mu* sorte de pain. (kho.)

ɣuriá- *-č-* (B.), mais aussi **ɣoré-** *-č-* déféquer.

h

haján -*jáyu* corde d'attelage attachée à une pelle (permet à deux hommes de tirer une pelle enfoncée dans la terre et tenue par un troisième).
    haján ét- tirer une pelle avec une corde d'attelage.

hají -*tiŋ* hadji, qui a fait le pèlerinage à la Mecque. (ou.)

hakén y sang d'une bête égorgée récupéré dans une assiette.

hal -*jó* renard (B.); *du-wálas hal* vampire (chiroptère).

haliwá (B.), halwá -*miŋ* dessert à base de farine ou de semoule, de sucre et de beurre. (ou.)

d⸗halt- achever (une tâche, etc.) (cf. *bahált-*, étymologie donnée par les locuteurs).

-hán marque du réciproque (l'un l'autre, les uns les autres, etc.).
    -*hánce d⸗l-* frapper l'un contre l'autre, trinquer.

hán- *hǎi-* (B. *hán- hái-*) appeler, faire venir, *ne híre yǔγa hǎni* l'homme appela les enfants.
    d'où -hán- id., *ne híre yū uhǎni* id.

du-hándar- s'infecter (noté par B. comme variante de *du-ṣandar-*).

har ⸗*išu* collier de fleurs. (kho.)

du-hár- -*č*- enfler; fig. *ja du-hára* j'ai pris de l'importance (et non B. disparaître).

hariá- -*č*- (B.), mais aussi haré- -*č*- uriner.

hariašút -*išu* vulve des animaux femelles (pour la femme on n'utilise que -*xášaŋ*). (*hariá-* + -*šut*)

harkunás -*šu* (B. *hárkunas*) piolet (le piolet traditionnel du Yasin ne comporte pas de panne).

harp v. *hurúp*.

harpát soudainement, brusquement.

háški -*ŋ* fête traditionnelle de la fin des récoltes; à Yasin, les garçons se réunissent sur le toit d'une maison pour y converser et y chanter jusqu'au moment où on leur fait passer de la farine ou des fruits par le trou du toit (*šam*); à Darkoṭ les garçons vont de maison en maison chanter et danser, pour recevoir un petit cadeau en argent ou en nature.

hat (B.) y sg. et pl. limite d'un champ; *hat-bandí -mu* id. (ou.)

hatóḍa -*mu* marteau.

háu *ét-* pousser des cris (notamment pour effrayer les oiseaux).

haulí -*ŋ* seuil extérieur.

haúru -*miŋ* (B.) -*haúriŋ -haúričiŋ* boulette de pâte cuite à l'eau.

hayán -*iŋ* (B.) -*yáiŋ* (L.) cadeau (le second pl. donné par L. est toujours vivant).

hawelí -*ŋ* cour (devant les maisons). (ou. *hawālí*)

hazíz -*iŋ* plomb; plomb de chasse, plomb de pêche.

de-hémia- -*č*- (B.) s'assembler.
    d'où d⸗hemia- -*č*-, d⸗hemia -*č*- rassembler (la voyelle *e* du radical peut s'harmoniser avec un *i, e, u, o* du préfixe, ex. *dúhumiai*; elle peut également se syncoper, ex. *dúhmiai*; cette syncope peut s'accompagner de la chute du *m* du radical aux première et deuxième personnes pl., *dimíhiai* et *damáhiai*).

henḍél -*išu* manivelle. (ou. < a.)

héštik -*iŋ* (B.)
    loc. *héštika domóšum* installation traditionnelle de l'épouse dans sa nouvelle maison quelques jours après le mariage. Les deux époux cuisent à tour de rôle un chapati; si l'un des deux s'y prend mal, il se fait aussitôt corriger par l'autre (on emploie également pour désigner cette coutume le terme khowar *ṭek-ṭunisík*).

-héṣ y (B. *hiṣ*) respiration.

-híl- (B.), -hílja- (pour y pl.), -húlja- (pour x pl.) tremper, immerger, *jā ju húljaya* je fais tremper les abricots.
    d'où di-híl-, di-hílja (pour y pl.), du-húlja (pour x pl.) (B.) être trempé. (Curieusement les h pl. semblent faire groupe avec les y pl.: *dimihíljayen* nous sommes trempés et correspondent à une forme *d-hil-* pl. *d-hílja*.)

hilbá (B.), **hilbí** (L.)

dans l'exp. *hilbí jamũin* agent responsable des impôts à l'époque des Thams. (kho. *hilbí*)

hói *-číŋ* (B.) légume; *bắrju hói* sorte de légume rouge.

hókum *-iŋ* ordre; pique (au jeu de cartes). (ou.)

do-hómor- (B.) *-č-* prier avant le repas.

d'où *d⸚homor-* bénir (la nourriture).

do-hón- *-hói-* (B.) mettre la main sur (*-cé*), ouvrir (c.a.).

d'où *⸚dohon-* (et moins fréquemment **d⸚hon-**) faire prendre, faire ouvrir.

horgó *-ŋ* (B.) côte (pente montante); s.p. second labour de défrichage (ce second labour se fait toujours dans le sens de la pente, contrairement au premier qui suit les courbes de niveau).

du-hú- v. *bú-*.

hudá pustule de vaccine. (kho.)

d'où B. *hudá ⸚t-* vacciner.

du-húk- *-ič-* (B.) pl. **du-húkia-** fondre (intr.), se dissoudre.

d'où *⸚huk- -ič-*, **d⸚huk-** (B. *d⸚huku-*) pl. **d⸚hukia-** laisser fondre (*⸚huk-*), faire fondre (*d⸚huk-*).

d'où *⸚stuk- -ič-*, **d⸚stuk-** sens et répartition identique au précédent, mais limité aux graisses.

du-húl- (B.) bouder, *ne hir paqóγa du-húli* l'homme a boudé la nourriture.

-húles *-taru* (B.) frère (pour une femme; fait pendant à *-yást* sœur pour un homme); par ext. beau-frère.

humán pl. (B.), d.pl. *-máyu* lin (y); graines de lin (utilisé comme aliment et aussi pour faire des cataplasmes, x).

húnja- *-č-* (B. *hunjá-*) tresser.

hur v. *guk.*

hurúp *-iŋ*, **harp** *⸚iŋ* lettre de l'alphabet. (ou. *huruf*)

hurúṭ- *-rúš-* pl. **hurúča-** (B.) asseoir; s.p. être planté (en parlant d'un arbre); s'arrêter (en parlant d'une montre).

d'où *⸚huruṭ-* planter.

d'où **d⸚huruṭ-** se plaire dans un endroit (B.), *ja Yasínule dáhuruṭa* je me trouve bien au Yasin.

hušiár *-išu* habile, intelligent. (ou.)

-húṭaraŋ y pl. partie du lit où reposent les pieds (s'oppose à *-úṣki* le chevet) (cf. *-húṭis*).

húṭis *-šu* pédale (cf. *-húṭis*).

i

imdát y aide.

    imdáta cúr- venir en aide.

    imdát ét- (B.) aider. (ou.)

insán *-sáyu*, **iksán** *-sáyu* être humain. (ou.)

intihán *-iŋ* examen. (ou.)

ípholok *-išu* enfant unique. (kho.)

d-írgin- v. *d-́girgin-*.

ispándur (B.) x pl. plante sauvage de montagne à fleurs et à feuilles composées fines (utilisée notamment pour assurer la réalisation d'un vœu; pour ce faire on jette cette plante dans un feu au-dessus duquel on étend le pan de sa chemise pour en capter la fumée).

ísqa (B.) ouvert; tourné vers le haut (corps allongé sur le dos, verre posé sur sa base, etc; s'oppose à *γólturki*).

istimál utilité. (ou.)

    istimál -́t- utiliser; *jā pen istimál éčam ba* j'utilise un stylo.

istrí *-ŋ* fer à repasser. (ou. *istirī*)

    istrí ét- repasser.

iškanáči, iškanáč (B.), **iskanáči** (B.) pl. *iškanáču, iškanáčumu* (B. *iškanáčiŋ, -číšu*) pissenlit; on râpe la racine de cette plante pour extraire le jus qui est utilisé comme remède contre la malaria.

iškáwa *-mu* (B. *iškawá*) axe, par ex. axe du rouet, support des poulies des lisses; rouleau à pâte.

išpaqéti *-mu -šu* petıı oiseau blanc sédentaire.

išpéxt blanc cassé.

išq *ét-* aimer; *jā mómuŋa išq éčam ba* j'aime cette femme (cf. B. *ašéq*). (ou.)

işkárk (B.) jaune; s.p. y sg. diarrhée.

işqár (B. sg. et pl.) *-išu* guêpe.

işqornó *-mu* petit oiseau vivant dans les buissons épineux (cf. *işqór* ou *işqoreş?*).

işṭám *-iŋ* papier timbré. (ou. < a. *stamp*)

iṭ y carreau (au jeu de cartes). (ou. *ĩṭ*)

j

jādugár -*išu* magicien, jongleur. (ou.)

jahanamí adj. pécheur. (ou.)

jak ÷*t*- brûler (tr.), *jak ắti* je me suis brûlé (lit. qqch. m'a brûlé) (cf. *jirák*?).

÷jal- -*č*- (B. *jál*-) répandre (poudre, grains, etc.).

d'où du-jál- -*č*- être répandu (aussi *jál*-?).

d'où d÷jal- -*č*- répandre.

jalá -*mu* radeau à flotteurs (ces flotteurs sont généralement des outres en peau de chèvres). (kho.?)

jalawál rameur. (kho.?)

jắli -*ŋ* -*miŋ* -*mu* tamis (x); grillage fin, moustiquaire, canevas (y). (ou.)

jamajĩri -*mu* (B. *jamajíri*), jamíji (B. *jamíji*) -*mu* jumeau.

jandará-pandará créatures merveilleuses, sortant de l'ordinaire.

jandí -*mu* drapeau. (ou.)

janjabíl -*išu* gingembre. (ou.)

janxéṣ *ét*- (B. *čanxéṣ*) harceler, importuner.

jaŋ -*íčiŋ* guerre (contraste avec *jāŋ*).

jāŋ -*man*- (B. *jaŋ*) se mettre au beau (en parlant du temps).

jaŋgyá -*ŋ* short, bermuda. (ou.)

jarnél -*išu* général d'armée. (ou. < a.)

jās ÷*šu* (B. *jas*) pioche.

jāsús -*išu* détective, informateur, espion. (ou.)

jawắkuṣ (B.) paresse.

jawắkuṣ ét- ne pas avoir envie de travailler.

jazír -*išu* détruit. (kho.?)

jerasím -*išu* microbe. (ou.)

jermaní -*mu* (B. *jarmaní*) marmite. (a.)

jigarí couleur sombre (marron, violet). (ou. *jigari* «du foie, du cœur»)

jiláu -*láwišu* rêne.

jilimčá (L.) -*mu* (cf. B. *zilimčá*) tapis à points noués. (kho.)

jiŋá -*mu* avalanche de pierres.

jip ÷*išu* jeep. (ou. < a.)

jirák -*iŋ* brûlure.

jirắp -*iŋ* chaussette. (ou. *jurrāb*)

jiwačái jaune (bou. *iṣkárk*). (kho.)

jolá -*mu* sac à dos. (ou.)

jū, jǘna merci.

juk contact, touche.

juk ét- toucher (B.).

julaí -*šu* farine de noix.

julaí tíki aliment à base de farine de noix cuite dans un grand récipient auprès du feu que l'on consomme dans le thé salé.

juláp -*iŋ* diarrhée (cf. *iṣkárk*). (ou.)

julápkiṣ -*kia* foireux.

jumú (B.) -*iŋ* sorte de grand manteau.

jǘna v. *jū*.

jurúni -*mu* boucles de cheveux (B. nattes).

just (B.) aligné.

just ÷*t*- aligner.

j̣

j̣aç, j̣aẓ, pl. *jájišu* juge. (ou. < a.)

j̣ájar (B.), j̣árj̣ar sans s'arrêter.

j̣akún *-kúyu* (B.), s.p. petite herse dans le canal de sortie d'eau du moulin.

j̣amū́in *-mū́yu* (B. *jamúin*), j̣aŋúin *-ŋúyu* fonctionnaire local (syn. *lambadár*; v. *hilbá*).

j̣eké̃ (B. *jeké*) lentes.
    d'où j̣ekḗkiṣ (B. *j̣ekékiṣ*) couvert de lentes.

j̣enjér *-iŋ* (B.) chaîne; s.p. fermeture éclair. (ou.)

j̣ikán *-káyu* petite courroie (pas nécessaire-ment en cuir comme dit B.).

j̣ikáp *-išu -iŋ* rhubarbe (certains locuteurs opposent *jikáp* petite rhubarbe sauvage au kho. *kākól* grosse rhubarbe de culture); le légume (x), la plante (y).

j̣uṣk *-mán-* (B. *juṣk*) déborder (en parlant du lait quand il bout et de l'eau quand elle gèle); s'oppose à *bapá-* bouillir (ce sens proposé par B. pour *juṣk -mán-* a été refusé).

k

kabút -*išu* cheval blanc.

kač -*áŋ* boutonnière. (ou. *kāj*).

kačá -*miŋ* slip. (ou.)

kačālú -*mu* -*iŋ* topinambour; le légume (x), la plante (y).

kaç ⸗*t*- gratter.

kaçáti -*mu* (B. *kajáti*) allumette (cf. *kaç*).

kaḍí -*mu* poutrelle. (ou.)

kaɣáz -*iŋ*, qaɣáz -*iŋ* papier. (ou. *qāɣaz*)

kaikai-bóti -*ŋ* faucille lancée par le père du marié devant la maison de l'épousée le jour du mariage. (kho.)

kākól -*išu* rhubarbe (v. *jikáp*). (kho.)

kåku -*mu* (B. *káku*, *kúku*) coucou (oiseau). (kho. *kåku*)

kalahí *ét*- souder. (kho.)

kam (B.) peu. (ou.)
    kåman (B. *káman*) un petit peu.
    kam -*mán*- diminuer (intr.).

kám-as-kám au moins. (ou.)

kambál -*išu* couverture. (ou.)

kamxordá -*tiŋ* -*mu* petit mangeur. (p.)

kamúnes -*šu* misanthrope, solitaire (péjoratif).

kamzór -*išu* faible. (ou.)

kančéni -*tiŋ* femme volage.

kanjáres -*šu* gros montant de bois.

kanjús -*išu* avare, marchandeur. (ou.)

kap -*iŋ* -*íčiŋ* plié, froncé, roulé (se dit du papier, du tissu etc.).
    kap *ét*- plier, froncer, rouler.

kapnakápi plié; s.p. feuillet de l'estomac du ruminant (cf. *kap*).

kaptén, kiptén, kiftén -*téyu* capitaine. (ou. < a.)

karanḍí -*ŋ* truelle. (ou.)

karás *ét*- traverser (ou. < a. *cross*).

karmáci -*mu* alevin, petit poisson. (kho.)

karmutá -*mu* dépression parotidienne.

karnél -*išu* colonel. (ou. < a.)

kartópi -*mu* personne ayant une oreille collée. (kho.)

kaṭoyár -*iŋ* (B. *katuɣár*) étoffe, tissu.

káu- -*ç*- (B. aussi *kháu*- et *qáu*-) mettre dans la bouche (et non B. mâcher).
    d'où ⸗kau- -*ç*- mettre dans la bouche de quelqu'un.
    d'où d⸗kau- -*ç*- avoir la bouche paralysée (sous l'effet d'une frayeur intense, provoquée par exemple par la vision d'un être surnaturel; le soufi soigne cet état en inscrivant une prière sur une amulette que porte la personne affectée); par ext. être paralysé d'une autre partie du corps ou entièrement. (B. d⸗*qaum* semble être une forme non finie en -*m*).

kauhán -*iŋ*, kaufán -*iŋ* linceul. (ou.)

kel ⸗*iŋ* pli, ride (B.); encoche, entaille dans un support en bois.
    kéle kuná support des lisses.

kilím v. *khardáči*.

kinsár -*išu* piolet (cf. *harkunás*). (kho.)

kir, exp. *kir qotí* réserve de mêche fixée sur le fusil (v. *qotí*). (ou.)

kisá -*mu* v. *khamár*. (kho.)

kiṣí -*mu* ligne; vers (du Coran).

kiṭór -*iŋ* abricot séché avec le noyau. (kho.)

koč ⸗*imu*, exp. *juǎn koč* acné juvénile.

kolóš -*išu* soulier de plastique noir.

kraṣ *ét*- faire du bruit en frottant.

kudakán coqueluche.

kulupóŋi -*ŋ* trame en chevron. (kho.)

kuná -*šku* (B.) barre en bois.
    čaqár kuná fourche en bois du lance-pierre, manivelle de différents instruments (rouet, ...).
    pharáṭi kuná barre du garrot de tension des fils de trame dans le métier à tisser (remplace l'ensouple).

kundáq -*išu* bois de support de la pièce du fusil. (kho.)

kundupičár -*išu* dernier-né, benjamin (d'autres enfants ne naîtront plus) (cf. *phiskí*). (kho.)

kunḍá -*mu* targette. (ou.)

kursí -*mu* chaise. (ou.)
    arám kursí chaise-longue.

kůru -*mu* (B. *kúru*) système de fixation des cordes d'attache des fardeaux (souvent constitué d'une branche en V et d'une lanière en cuir ou en tissu).

kurúč v. *khardáči*.

kurúi-rúmi -*mu* sorte d'oiseau. (kho. *kurúi* rouge + *rúmi* queue).

kurusmá -*mu* iris sauvage.

kusá -*tiŋ* -*mu* personne aux joues imberbes. (ou.)

kusurwár -*tiŋ* -*išu* coupable. (ou.)

kuš -*iŋ* v. *pultyá*.

kuṭ -*ič*- dans loc. -*s kuṭ*- lever le cœur, *hóye as kuṭí* les légumes m'écœurent; être dégouté, *phénan níyec as kuṭúm duá* mon cœur se soulève à la vue d'une mouche.

kuṭéni -*mu* écouvillon à fusil.

kuṭéŋ pl., d.pl. -*ičiŋ*, **kuṭyáŋ**, **kuṭyéiŋ** bât de l'âne; œilleton de visée en forme de V.

kh

kha ⸗*ha* (B.) ⸗*mu* crochet.

    khačumár -iŋ crochet en fer.

khaç -*óŋ* (B.) -*iŋ* grève, endroit désertique.

kham x sg. et pl. pharynx.

khamá -*iŋ* tapis en feutre (et non B. feutre).

khámal -*išu* crâne. (kho.)

khamár -*išu* trousse de l'équipement pour tirer au fusil à poudre (se porte à la ceinture).

    khamár-kisá -mu id.

khamarbánd -*iŋ* ceinture. (ou. *kamar band*)

khánjul -*išu* sorte d'oiseau.

dukhár- -*č-* (B.) frustrer qq. de la possession de qqch., *ne hir biáce dukhári* l'homme s'est approprié la vache.

-kháran- -*rai-* s'attarder, être en retard (B.). (hzm.)

    d'où ⸗**kharan-** retarder.

    d'où **du-kháran-** être retardé.

khardačí -*ŋ* (B. *khartačí*) salade.

    kilím khardačí salade douce.

    kurúč khardačí sorte de basilic.

    troq khardačí salade au goût relevé.

    (kho.)

kháreţi -*mu* panier (en général à fruits).

khaş ⸗*iŋ* fard.

kháši y sg., exp. *baţór kháši* eau d'abricot (cf. hz. *čamús*).

du-kháţ- -*š-* pl. **du-khača-** s'empêtrer, être enchevêtré.

    d'où **d⸗khaţ-** -*š-* (pour y), **d⸗kaţ-** (pour hx), pl. **d⸗khača-** se trouver empêtré, enchevêtré.

    d'où **d⸗skat-** retenir, empêcher. (B.)

kháţikala (*khaţ + yákal + a*) vers le bas; vers le sud.

di-khír- -*č-* rétrécir (B.).

    d'où **d⸗skir-** -*č-* faire rétrécir.

khirkí -*ŋ* fenêtre. (ou.)

khiští -*mu* barque. (kho.)

khíta -*mán-* (B.), **khíta** *ét-* présenter, montrer.

khóyu x pl., d.pl. -*mu* grêle, grêlon (B. n'a que *khóyumu*).

khúruţ- -*š-* pl. **khúruča-** découper en rond; par ext. ouvrir une boîte de conserve, *mo gúse phárcen khúruţu* la femme a taillé une pièce ronde de tissu pour faire un chapeau, *se gírkise telé khúruţi* la souris a grignoté la noix (lit. a fait un trou rond dans la coque).

du-khúruţ- -*š-* rétrécir (intr.).

    d'où **d⸗skuruţ-** -*š-* faire rétrécir, raccourcir.

khuš ⸗*išu* (B.), **khúši** -*šu* manchot. (sh., kho.)

khúšo sobriquet donné aux manchots (cf. *khuš*).

khúşu *ét-* (B. *khuş*) chuchoter. (kho. *khúşu*)

d⸗khuţ- -*š-*, **d⸗kuţ-** pl. **d⸗khuča-** -*č-* (B. *d⸗khuţ-* etc.) être fatigué (avec des signes physiques apparents).

    d'où **d⸗skuţ-** exténuer, éreinter.

X

xakí beige pâle. (ou. cendre, poussière)
du-xáxaur- -*č*- se gercer.
    d'où **d⸗xaxaur-** -*č*- gercer, faire gercer.
xal ⸗-*iŋ* goût, saveur. (kho.)
xālí -*mu* vide. (ou.)
    xālí ét- vider.
xalóhan y pl. suie (B.); noir de carbone servant à faire prendre l'étincelle du briquet obtenu par la pulvérisation d'une croûte de pain calciné.
xánjo x soupe de légumes au ghee.
xánjo-γár -*iŋ* ingrédients qui entrent dans la composition du plat nommé *xánjo*. (*xánjo* + -*γár*)
xansamá -*tiŋ* -*mu* cuisinier. (ou.)
xapétiŋ y pl. chassie.
xaphá triste. (ou.)
xar dans l'exp. *ja daŋ xar ba* mon sommeil est interrompu.
-xár- -*č*- fendre (B.).
    d'où **d⸗xar-** -*č*- (B. *d⸗xar-*) fendre.
    d'où **du-xár-** -*č*- se fendre, s'épanouir.
    d'où **d⸗xar-** -*č*- faire s'épanouir.
xarabí y défaut. (ou.)
xarằp -*išu* de mauvaise qualité, brisé. (ou.)
xarč dépenses, provision d'argent; *jā buṭ xarč duá* j'ai de grosses dépenses, *jáγa paisá xarč bicá* j'ai de l'argent à dépenser. (ou.)
xarčá -*ŋ* stock, provisions. (ou. *xarčah*)
xarčíki -*ŋ* veillée de noces. Le mariage yasinais comporte deux *xarčíki*: le premier a lieu chez la mariée la nuit qui précède la venue de l'époux et de son escorte; le second a lieu dans la demeure du marié la nuit suivante, qui précède son retour à la maison avec son épouse et son escorte.
xarqár -*išu* ânier. (ou.)
-xát -*iŋ* bouche (B.); s.p. trou central de la meule où se déversent les grains.
xatár y danger. (ou.)
xatarnẩk -*išu* -*iŋ* dangereux. (ou.)
xátum fin, fini. (ou.)
    xátum ét- être fini, mourir.
    xátum ⸗t- finir, tuer.
xaú -*mu* ver intestinal (hom. B. *xaú* -*ŋ* arbuste).
-xáurt- -*rč*- (B. *xáurt-*) griffer, lacérer.
    d'où **du-xáurt-** être lacéré.
xaúṣ x pl. d.pl. -*išu* marques de la petite vérole.
xerát -*iŋ* tour à bois. (ou. *xarād*)
xeréṭ -*iŋ* salive.
xestá, γestá (B. *xistá*), **xostá, γostá** (B. *γustá*) -*iŋ* -*mu* (B. -*miŋ*) pâte avec du levain (y, la variante *xostá* semble préférée); pain levé (x, la variante *xestá* semble préférée).
xoftán y soir. (ou.)
-xólin- -*xól-* (B. n'oppose pas ces formes comme une base de passé à une base de présent) avoir mal, souffrir.
xōsiét -*iŋ* habitude. (ou. *xāsiet*)
xostá v. *xestá*.
do-xótal- -*č*- être couvert, être recouvert, *gúrcum mal doxótali* la terre est recouverte de blé.
    d'où **d⸗xotal-** couvrir, *mo gúse miyẩreki dẽxotalu* la femme a roulé la couverture au chevet (lit. la femme a recouvert notre chevet).
xudayár *ét-* faire ses adieux (cf. *xudá*).

1

d⸻l- *d⸻č-*/**-dél-** *-déč-* (B.) (rad. *-dél-* utilisé partout, sauf 3 x pl. *dóli*) frapper.

⸻l- *-č-* pl. **⸻lja-** piquer, *čaháŋ āljai* les épines m'ont piqué; enfiler (lit. transpercer), *jắ máɣoyu ŏljaya* j'ai enfilé les perles.

laház *-šu* (B. *leház, liház*) malade. (kho. < ou.)

lakír v. *likír*.

lal *-é* (B. *lalé*) de lignée royale. (kho.)

lamányaṭa x bête sacrifiée à l'occasion de la naissance d'un enfant.

lambadár fonctionnaire local. (ou.; tend à supplanter bou. *jamŭin*)

laŋ *⸻išu* géant.

laqá *-mu -iŋ -miŋ* plante sauvage de montagne (x); le légume, qui se mange au printemps (y).

laṭúkores *-šu* (B. *latúkores*) rond, circulaire.

len dans l'exp. *len gambúri* rose trémière (on utilise aussi l'expression khowar *yoroṭe muxnoqorák*).

leṣ *⸻išu* espèce d'oiseau, «monal pheasant» (ne vit pas au Yasin, où il est cependant fort prisé pour orner les coiffures d'homme). (kho., sh.)

likír *-išu*, **lakír** ligne de papier ligné. (ou.)

loh y (B. *lo*) cuivre, *lóhe boróndo* anneau de cuivre. (kho.)

lohár *-tiŋ -išu* rémouleur. (ou.)

lóṭi (B. *lóṭi*) *-mu* portion de nourriture en forme de balle donnée au bœuf pendant le labour; par ext. balle de jeu (ce dernier sens n'est pas attesté dans toute la vallée). (kho. *lŏṭi*)

loṭó *-mu* nu-tête.

d⸻ltayākin- (B. *d⸻ltaɣákin-*) laver en remuant dans l'eau.

-ltálen-/talén- (B.) changer (sens peu clair), *ne híre haɣóst taléni* l'homme a passé le col.

d'où **du-ltálen-** subir une transformation, *šárbat dultáleni* le *šarbat* (sorte de bouillie épaisse salée à base d'eau, de beurre et de farine) a pris (lit. l'appareil s'est transformé à la cuisson pour donner du *šarbat*).

d'où **d⸻ltalen-** transformer (sens dérivés nombreux: repriser, réparer, etc., *jā sélyaṭe jirắp déltalena* j'ai reprisé la chaussette).

-ltáli-, táli- *-č-* (B. *-ltáli-*) enrouler, emmailloter

d'où **⸻ltāli-** (B. *⸻ltali-*) mettre un bandeau, un bandage à qq., *mo gúse arén ăltāliu* la femme m'a bandé la main.

⸻ltapi- *-ç-* faner, flétrir.

d'où **du-ltápi-** *-ç-* (B.) se faner, se flétrir, *ne hir lahazíyaṭe dultápim bái* l'homme est flétri sous l'effet de la maladie.

d'où **d⸻ltapi-** *-ç-* même sens que *⸻ltapi-*.

-ltắsk-/-ltásk- *-ič-*, **tắsk-/tásk-** *-šč-* tirer, traîner; fumer (certains informateurs distinguent deux verbes *(-l)tắsk-* tirer et *(-l)tásk-* fumer).

⸻lte- voir *tē-*.

⸻lter- *-č-* (B. *⸻ltar-, ⸻ltir-*) montrer.

-ltúmal *-iŋ*, **túmal** *-iŋ* oreille (B.); s.p. *túmal* endroit de la mise à feu du fusil à poudre, *túmale baṭ* protecteur en cuir du *túmal*; pointe du col de chemise.

du-ltúman- *-mai-* (B.) s'arrêter en chemin.

d'où **d⸻ltuman-** *-mai-* faire rebrousser chemin, *ne híre jáya dŏrgin dáltumani* il m'a forcé à rebrousser chemin; s.p. faire un ourlet (pour raccourcir).

m

macixór -*išu* sorte d'oiseau. (kho.)

madíri -*ŋ* autorité, pouvoir, *ne híre ha madíri éčum bái* l'homme gouverne la maison (hom. **B.** *madíri* ourlet).

maf *ét-* s'excuser. (ou.)

mahabát -*iŋ*, **mohobát** -*iŋ* loi. (ou.)

mahraká (B.) -*ŋ* rangée de personnes. (ou.)

d⊥main- -*č-*, **d⊥man-** -*mai-* naître (B. ne donne que la deuxième forme pour «naître»; il propose aussi une entrée *d⊥main-* «être d'accord», qui n'a pas été reconnue par les informateurs).

d'où ¹**d⊥smain-** -*č-* élever.

d'où **du-smáin-** -*č-* grandir, être élevé.

mākán v. *seṭ.*

makú -*mu* navette du métier à tisser.

makučí -*ŋ* aigri, moisi (se dit du goût des céréales restées sous la pluie).

malc⊥ (B.) proférer des malédictions, *ne híre jáɣa malcí* l'homme profère des malédictions contre moi.

d'où -**málc-** -*lč-* insulter, *ne híre ja amálci* l'homme m'a insulté.

málhar (B.) -*u*, -*umu* colza (se mange comme légume).

maliá -*ŋ* impôt. (ou.)

māmilá -*ŋ* affaire, événement, *akhí māmilá maní* il m'est arrivé une histoire (terrible). (ou.)

d⊥man- v. *d⊥main-.*

du-mán- -*máinč-* prendre, se solidifier (en parlant d'un liquide), *mamú dumáni* le lait a caillé, *cel dumáni* l'eau a pris en glace.

d'où **d⊥man-** faire cailler, faire prendre (un liquide).

manaḍér -*iŋ* mandat postal. (ou. < a. *money order*)

manḍáɣ (B.) -*išu* héron.

manḍaí -*ŋ* étape où on hébergeait les bêtes, lorsqu'on les acheminait à Gilgit pour les y vendre. (kho.)

maqáskin- -*ki-* demander avec insistance, quémander.

maráq tordu, plié; *aṣ maráq bi* j'ai le torticolis. *maráq ⊥t-* tordre, plier (B.); *aṣ maráq éta* je me suis tordu le cou.

máraskun y (B. *máraskum*) jour de fête à la fin de la transhumance. (kho. *máraskun*)

marč piment; le fruit (x), la poudre (y).

margušt pl., d.pl. -*iŋ* sorte de plante grimpante.

máriη (B.), **maríη** pl. bon, excellent.

mart -*óiŋ* (B.) roche sédimentaire, rudite (mélange de sédiments, de roches et de gravier).

martól -*išu* masse (pour casser les pierres, cf. *biḍír*). (ou.)

masalá pl. épices; entières (x), en poudre (y). (ou.)

maská -*ŋ* beurre du jour même (par opposition à *maltáṣ* beurre de plus d'un jour).

mastaná tranquille (en parlant de personnes).

mašá -*mu* ensemble de mise à feu des fusils à mèche (l'équivalent du système de déclenchement incluant gâchette et chien).

mašín -*iŋ* machine (rasoir mécanique, machine à coudre, tondeuse à cheveux etc.). (ou. < a.)

maṣqól x sg. et pl. jeunes pousses sur les branches.

mayéniki (B.) passé, vieilli (en parlant d'aliments); *mayéniki maltáṣ* beurre vieilli (on l'enferme dans de l'écorce et on l'enterre au moins six mois avant de le consommer).

mazá y sg. goût; *masaláule mazá duá* les épices ont du goût. (ou.)

mazadár d'un goût agréable. (ou.)

-mé -*mu* dent (B.); s.p. dents du peigne du métier à tisser.

mejár -*išu* commandant. (ou. < a.)

melé -*haŋ* (B. *milí -haŋ*) médicament en poudre ou en pommade; poudre à feu.

men⊥ *mí-* boire (B.) (tr.).

d'où -**mén-** -*méi-* -*ménč-* (B. -*mén-*) donner à boire.

d'où ⊥**men-** faire boire, *ne híre cel ámeni* l'homme m'a fait avaler de l'eau.

menéṭ -*iŋ* minute. (ou. < a.)

mergí -ŋ -tiŋ épilepsie (y), épileptique (h).

mesqéíŋkiṣ -kia baveux; herbe sauvage (se mange comme légume, s'applique sur les blessures pour les soigner) (cf. *mesqé* bave).

meščikár -išu fauconnier. (kho.)

mewá (B.) -ŋ fruit (et non B. «fruit, légume»). (ou.)

mez ⸗išu table. (ou.)

mezpóš -iŋ nappe. (ou.)

milkón -kóyu sorte de fleur. (kho.)

mir pl. amírišu riche (en parlant d'une personne). (ou.)

miṣṭíki -mu sorte de gros gâteau: on mélange de la farine, des œufs, du beurre et du lait avec un peu d'eau; on pétrit et on laisse reposer la pâte pendant deux heures; on façonne en rond un grand gâteau de trois quatre kilos environ qu'on met dans un grand récipient (*pačéne*) et l'on fait cuire sur la braise deux heures environ. Au Hounza, on appelle également ce gâteau *xamišdón*.

míṭi -mu bille de bois, pillier de bois.

miṭhái -mu bonbon. (ou.)

mojút, mojudá présent, actuel; *ne hir mojút bam* l'homme était présent; *mojudá waqt* le temps présent. (ou. *maajūd*, *maujūdah*)

¹mōn y communauté.

²mōn ét- s'arrêter de travailler sous prétexte que les autres n'aident pas, *jā gṓguce mōn net doró ayéta* fatigué de te voir ne rien faire, j'arrête de travailler.

moná, muná (? tuná) y inoccupé, *jáya moná duá* je ne travaille pas en ce moment, je suis disponible (cf. ²mōn).

mōndarí -ŋ voisin, voisinage (cf. ¹mōn).

moqá (B.) -ŋ occasion, chance. (ou.)

moqabilá -ŋ compétition, défi, match, différend; *ja góiŋa moqabiláya dáyam ba* je suis venu te lancer un défi.

móṣqo- -č̌- sucer.

moṭés -šu axe de meule, en bois avec une âme métallique.

mučí -tiŋ -mu (B.) forgeron, cordonnier. (kho.)

muká (B.) -mu plomb de fusil.

muxtalíf différent. (ou.)

mul (B.) -ánc sorte de bouillie à base de farine de blé ou de maïs; *báte mul* bouillie servie à l'occasion de la naissance d'un enfant (cf. *bat* pierre plate?). (sh.)

mulaqā́t ⸗t- serrer la main. (ou.)

mumphalí -mu, muŋfalí cacahuète. (ou.)

mun múiŋ (B.) sorte de plante.
   girkís mun, girkíse mun sorte de plante épineuse.
   sam mun sorte de plante odorante.

munaphá y bénéfique. (ou.)

múnḍal -iŋ (B. múndal) sorte de saule.

muramát -iŋ réparation. (ou.)

-múruṭ- -š̌- (B.) pl. -muruča- frotter (le linge), masser, caresser (une femme).

murwát -išu vis.

-múr-píl -múr-piláŋ, ⸗rpiláŋ (B. -múlpiaŋ) (*pul* est une variante possible pour *pil*) cil.

mušaqát ét- travailler dur. (ou.)
   mušaqát -mán- être submergé de travail.

-múṣ-púl -múṣ-puláŋ, -múš-píl -múš-piláŋ poil du nez.

múṣpuṭ-çók -išu personne qui a le nez en trompette (cf. *múṣpuṭ*).

muṣqalí -ŋ (B. muṣkarí -miŋ) heureuse nouvelle.

muṭhár -iŋ sorte de buisson à feuillage persistant (conifère?). (kho.)

muyánum -iŋ quatrième rencontre avant le mariage (v. *allahakbár*).

muzír -išu jaloux. (ou.)

muzīrí jalousie. (ou.)

n

nābehél (B.) *-išu* funeste, fatal; désobéissant. (ou.)

naí *-tiŋ -mu* coiffeur. (ou.)

naxará fierté, orgueil, dédain. (ou.)
    naxará ét- se montrer dédaigneux (notamment en parlant de la femme courtisée).

naxarabáz personne orgueilleuse, dédaigneuse. (ou.)

naxdáro *-mu* poutre transversale délimitant l'endroit où l'on dort (*man*). (kho.)

naxšá *-ŋ* image, photo, reproduction. (ou.)

naxún-taráš *-iŋ* coupe-ongle. (ou.)

nal *-číŋ* (B.) *-iŋ* joug.

namazigár y fin d'après-midi. (ou.)

namúnya diphtérie.

nanbaí *-ŋ* hôtel, auberge. (kho.)

nané *-štaru* oncle (maternel, paternel ou par alliance).

nắp y taille, grosseur. (ou.)

náqal *-iŋ* copie, reproduction. (ou.)

naróci *-mu* (B. *narúci*) à qui il manque un testicule. (kho. *naróci*)

náru *-mu* (B.) partie renflée de l'axe du moulin (*moṭés*) qui reçoit les pales.

nárum *-išu -iŋ* mou, sans résistance.

nasắlu (B. *nasálu*) puant (pour de la viande). (kho.)

nasyét *-iŋ* avis, conseil. (ou.)

našá drogue; intoxiqué (alcool, tabac, haschich etc.). (ou.)

našaí *-mu* personne intoxiquée (cf. *čársi*).

nataráš *-žišu* désobéissant (enfants, serviteurs, animaux etc.).

naúhar *-išu -iŋ* espèce de plante à toute petite fleur blanche comestible; la plante (x), le légume (y).

naukát *-iŋ* portion de nourriture (cf. *-γáriki*). (kho.)

nawár *-iŋ* bandes de tissu tressées (forment le sommier du châlit et le fond des chaises). (ou.)

-ní barbe (B.).
    -ní ÷t- raser.

niét *-iŋ* vœu, souhait. (ou.)

niginá *-mu* pierre précieuse sertie. (ou.)

niginákiṣ se dit d'un bijou orné d'une pierre précieuse.

nímčiŋ y pl. doseur d'une demi-mesure de poudre à feu (la mesure complète est donnée par le *wezmá*).

niphá *-ŋ* coulisse (ourlet ou rempli pour faire passer un cordon). (ou.)

niṭák *-išu* palais (de la bouche). (kho.)

nuxsắn (B. *nuxsán*) dommage matériel, défaillance de santé; *mo gus nuxsắn manú* la femme est morte. (ou. *nuqsān*)

-númus *-šu*, **-núŋus** *-šu* (B.) genou (attesté sous les deux formes); pied, montant de meubles (table, lit, chaise) et de divers appareils (montant du support de l'axe de la roue du rouet) (uniquement attesté sous la forme *númus*).

O

oq vomissement, dans
    oq ≕t- vomir (**B.**)
    oq cúr- avoir envie de vomir.
or donc, alors, puis. (ou.)
ŏs- v. *sé-*.
ŏsen y ordre (rangement, commandement).
    (≕s-?)
óṣṭana (**B.**) *-ŋ* demi-roupie. (kho.)

p

pačéne marmite; *mişţí pačéne* marmite pour cuire le *mişţíki* (v. ce mot). (kho.)

păgál -*išu* fou, demeuré, abruti. (ou.)

páhlu (B. *pálu*) -*ŋ* -*miŋ* côté. (ou.)

paiyumbár (B.) -*išu* prophète. (ou.)

paisá (B.) argent, monnaie.

    yáţese paisá prix d'achat.

paitawá -*ŋ* bande molletière.

paxtí -*ŋ* lentilles. (kho.)

palaşţík -*iŋ* matière plastique. (ou. < a.)

palíš -*iŋ* cirage. (ou. < a.)

pălo (B. *pálu*) -*mu* coin qui sert à maintenir un manche d'outil. (*páhlu*?)

paltáşu -*mu* sorte de panet sauvage dont on mange la tige et dont les fleurs peuvent se mettre dans le thé, comme la cardamome, pour le parfumer.

pălú -*mu* sorte de petit rapace insectivore.

păn cœur (au jeu de cartes). (ou.)

panč ⸗*iŋ* dos d'une lame.

pandár -*iŋ* cadeau de mariage offert par les invités.

panjabí -*mu* cheval du Penjab.

páŋkaţ -*iŋ* petite monnaie. (ou.)

păpal -*išu* solitaire, misanthrope (cf. *kamúnes*). (kho.)

parašúţ -*išu* parachute. (ou. < a.)

paraşkóti -*mu* pédéraste passif. (kho.)

paraţá -*mu* sorte de pain. (ou. *praţha*)

pardá -*iŋ* voile, rideau; mise à l'écart des femmes; hymen de la femme. (ou.)

pardúm -*išu* croupière, culeron (et non B. croupe).

parkál (B.) -*išu* -*iŋ* compas à pointe sèche (x); plan, esquisse (y). (kho.)

pašiná -*mu* crosse du fusil. (kho.)

patá -*miŋ*

    1. adresse. (ou.)

    2. loc. *patá api* je n'en sais rien.

patári (B.) -*čiŋ* -*ŋ* base en bois; socle de divers appareils (rouet etc.); lattes du plafond; support en bois, immergé, de l'axe de la meule supérieure du moulin permettant de régler son écartement de la meule gisante (une de ses extrémités est articulée, sur l'autre est fixée la barre de la commande d'écartement *daménç*, en son milieu repose une crapaudine de pierre *birbíndan*, qui reçoit le pivot *súdan* de l'axe de la meule *moţés*). (wa.)

patayóri (B. *patayári*) ciel à demi couvert. (kho. *patayúri*)

patráinč -*iŋ* masque utilisé pour la chasse (au loup, au renard).

paţaxí -*mu* (B. *pataxí*) amorce. (kho.)

paţík -*išu* -*iŋ* jarret (x lorsque l'animal est vivant, y lorsqu'il est mort).

paú un quart de *sēr*, une demi-livre. (ou.)

payá -*mu* détente de la gâchette du fusil à cartouche.

    payá dastá pontet.

pelés, **peléš** dans l'exp. *buk pelés* ⸗*t*- étrangler.

peléţ -*išu* assiette. (ou. < a.)

pen -*áśku péyu* stylo (à bille, à encre). (ou. < a.)

penţirí -*ŋ* cuisine d'un bungalow (*baŋgalá*). (ou. < a.)

pepén- -*péi*- s'accumuler (en parlant de l'eau).

    d'où ⸗**spepen-** faire s'accumuler (de l'eau), endiguer.

    d'où **d⸗pepen-** -*pei*- avoir le ventre ou le corps enflé.

    d'où **d⸗spepen-** faire enfler.

pereţís -*iŋ* entraînement, exercice. (ou. < a. *practice*)

    pereţís ét- s'entraîner.

péšen dans *péšen guí* -*ŋ* prédiction. (ou.)

-pét -*iŋ* sans préf. *petíŋ* (B.), **-pít** -*iŋ* sans préf. *pitíŋ* vésicule biliaire.

    píte cel bile.

pialá -*mu* tasse. (ou.)

pililési -*mu* sorte d'oiseau qui se nourrit de fourmis. (kho.)

¹pin *píyu* -*iŋ* fort, intense, décidé.

²pin v. *guk*. (¹*pin*?)

pirč -*išu* soucoupe. (ou.)

pirišán inquiet, angoissé. (ou.)

pišāní (B. *pišaní*) -*mu* front. (ou.)

pox mou, lâche, sans résistance (B. note seulement lâche). (kho.)

pran *d⸗l*- exploser (en parlant du maïs, des cartouches etc.).

prandélas sorte d'insecte qui fait un bruit

sec lorsque, renversé sur le dos, il s'efforce de se remettre d'aplomb (lit. «l'exploseur») (cf. *pran*).

pultyá *-mu* (B.), **pultá** *-mu* (L. *polta*) mèche. (kho.)

    pultyá-kuš ⸗iŋ protecteur en cuir du bassinet du fusil (v. *sarpúš*).

punár *-išu* sorte de primevère à fleurs violettes groupées en ombrelle horizontale (comparable à la *primula laurentiana*).

    punáre gyert poudre obtenue à partir des graines de la précédente (cette poudre est un excitant que l'on met dans les yeux pour aviver la sensation des couleurs).

pursát y oisiveté.

pušur- s'égrener.

    d'où ⸗**pušur-** égrener.

puṣtúr *-išu* grêlé (se dit d'une personne qui a la peau grêlée par la variole).

ph

du-phác- -š- (B.) pl. **du-phača-** se fendre (sous l'effet d'un coup); perdre sa virginité (en parlant d'une femme).

    d'où **d⊥phac-** pl. **d⊥phača-** (B.) fendre.

    d'où **d⹀phac-** déflorer (une jeune fille).

phaidá, faidá y bénéfice. (ou.)

phák- -ič- (B.), **phak⊥ -ič-** diviser, distribuer.

phaxúr -*išu*, **faxór** -*išu* fier (non péjoratif). (ou.)

phaláko -*mu* rouleau régulateur du métier à tisser (axe de bois sur lequel on enroule le tissu au fur et à mesure qu'il est tissé) (cf. B. *phaláki*).

phalán- -lái- (B.) se rouler, se vautrer.

    d'où **⊥phalan- -lai-** rouler (qq.).

phalíš y paralysie. (ou. *falīž*)

phal-phal -*išu* personne aux oreilles décollées, aux longues oreilles.

-phắlt- -č- (B. -*phált*-) défaire, vider.

    d'où **du-phắlt- -č-** se défaire, se déverser (en parlant de l'eau à la fonte des neiges).

phắn- -phái- pl. **phắnja** (B. *phán*-) enfler, éclater, germer.

phắnjam v. *phắnum*.

phansí *d⊥l*- tuer par pendaison. (ou.)

phanú -*mu* panneau dans le fond de la maison (*héštik*) en forme de demi-cercle décoré.

phắnum -*iŋ*, **phắnjam** -*aŋ -iŋ* fissure, craquelure (cf. **phān-** enfler).

phanús -*išu -zišu* plateau. (ou.)

pháq- -ič- (B.) pl. **pháqia-** carder.

phaq⊥ -ič- ramper (en parlant d'un animal non-rampant: homme, chien etc., à la différence de **yaẓyáẓ** ramper en parlant des reptiles).

pharán -*ráyu* papillon de nuit.

pharás, pharást v. *but*. (ou.)

pharáṭi -*mu* levier amovible qu'on intro-duit dans une mortaise du rouleau régulateur (*phaláko*) pour le faire tourner afin de tendre les fils de chaîne du métier à tisser (cf. dans le moulin *pharáṭekus*).

phárce -*mu* (B.), **phárcen** chapeau de la région à bord roulé.

pharepán poêle à frire. (ou. < a. *frying pan*)

phat *⊥iŋ* marc (d'huile), résidus de tamisage, reliefs d'un repas. (sh.)

    d'où *phat -mán-* être de reste (B.).

phatáki (accent incertain) vache avec une tache blanche sur le front. (ou. *phuṭki* «tache»?)

du-phátar- -č- être accroupi, s'accroupir.

-pháṭar- -č- (B.) dépouiller, écorcher; éplucher.

    d'où **du-pháṭar- -č-** être dépouillé, être épluché.

phen *phíyu* (B.) mouche.

    hayór-phen taon.

    huk-phen sorte de taon.

de-phérc- -č- (B.) pl. **de-pherča-** se déraciner, être arraché.

    d'où **d⊥pherc-, d⊥pirc- -č-** pl. **d⊥pherča-** arracher, déraciner.

phétiŋkus y mois d'hiver (décembre/janvier). (*phétiŋ + -kus*)

phílim y film, pellicule. (ou. < a. *film*)

phílphil poivre. (ou.)

phindár -*išu* (B. *phandár*) verrue, loupe.

phindárkiṣ -*kia* personne affligée de verrues ou de loupes.

d⹀phirkan-, d⹀pirkan- -kai- (B.) trébucher; fig. faire une gaffe, *báriŋule dắphirkana* j'ai fait une gaffe en parlant.

phirozá -*mu* turquoise. (ou.)

phíski -*mu* dernier-né, benjamin (d'autres enfants ne naîtront plus) (cf. *kundupičár*).

phit *ét*- ajuster. (ou.)

phíṭi -*miŋ* papille (hom. de B. *phíṭi* mica, ornement du cou). (kho.)

pho -*iŋ* croûte d'une blessure (et non B. ulcère), pustule.

phóha x pl. cow-pox, variole des vaches et des chèvres. (*pho?*)

phoíŋkiṣ -*kia* personne couverte de croûtes.

phonḍékiṣ (B. *phonḍókiṣ*), **phonḍíkiṣ** -*kia* lépreux (et non B. lèpre).

phoryóṭ -*išu* (B.) brun, gris, roux (qualifie

surtout la couleur des animaux).

phruṭsáiṭ, fruṭsáiṭ y pl. sel de fruit, effervescent. (ou. < a. *fruit salt*)

-phúiŋ *-číŋ* (B.) *-ičiŋ* nuque (et non omoplate).

-phúiŋ-šak *-íŋ ÷ičiŋ* omoplate.

phupúr- *-č-* se gratter contre qqch. (-ce).
  d'où **-phupúr-** *-č-* frotter (B. donne «battre les épis», v. *pušur-*).

phūjá *-mán-* se disperser.

phuk (B.) *÷išu* petit morceau.
  phuk ét-, phuk-phuk ét- couper en petits morceaux.

phul *-ánc* (B.) *÷išu* récipient en bois.

phulká *-mu* sorte de chapati (appelé *papá* lorsqu'il est de grande dimension). (ou.)

phulúṭi *÷meṣ* (B. *phulúṭe ÷meṣ*) auriculaire (et non B. pouce).

phúrdum *-išu* guépard. (kho.)

phuréš *÷t-* médire de quelqu'un.

phurú *-nc* (B.) *-mu* osier (pl. identique au sg.); anche; morceau d'osier taillé pour écrire sur les ardoises à l'aide d'une encre blanche (*dumbúlo/ṣuṣk*).

phurúti *-mu* bourgeon.

phuṣ pourri, blet.

phut *-ṓ* djinn, génie (B.); muet non-affligé de surdité.

phuṭú *-ŋ* photo. (ou. < a.)

q

qaburstán -*iŋ* cimetière. (ou. *qabristān*)

qabzá -*ŋ*, qabizá -*ŋ* gond de porte, loquet de fermeture de porte. (ou. *qābiz, qabzah*)

qádul -*mán*- être ruiné. (ou. *qatl* égorger)

qayáz v. *kaɣáz*.

qalahúr (B.) -*išu* visée d'une arme. *qalahúr ét*- viser.

qaláli -*mu* aux cheveux clairsemés (B. chauve).

qalín -*liu*, qalinlái -*šu* tapis (*pelésk*) ornementé. (ou., kho.)

qalíp (B.) -*išu* moule, forme, en particulier moule à balle; corps. (ou.)

qanún -*iŋ* loi. (ou.)

qanuní respectueux de la loi. (ou. légal)

qaphiá -*ŋ* plaisanterie au sujet de qq. (kho.) *qaphiá ét*- se moquer de qq. (B.).

qaphiáŋkiş -*kia* personne drôle.

qaqám amer (B.); fort (en parlant des épices, des plantes, des alcools).

qaqás -*šu* sorte de plante odorante.

qáqoles -*šu* ampoule, cloque.

qašqá -*mu* tache blanche sur le front du cheval (B.); cheval noir dont la tête porte une tache blanche.

qátel -*mán* être tué (cf. *qádul*).

qāzí -*mu* croix; pain du Ramadan. (ou.?)

qerbelí sorte de marron.

qermezí sorte de rouge. (ou. *qirmizi* cramoisi)

qerqér -*išu* rameau de genévrier (on le jette dans le feu dont la fumée inspire les *biṭan*; lors de la fête *theméšiŋ* on pose sur le grand gâteau que l'on fait à cette occasion une motte de beurre dans laquelle on plante des rameaux de genévrier).

qétu-qétu ÷*t*-, qóto ÷*t*- (B.), qéto ÷*t*- chatouiller.

qiamát y paradis. (ou. fin du monde, résurrection des morts)

qíçi -*mu* (B.) dans la famille composée de deux frères, l'enfant unique de l'un qui est appelé à hériter de la moitié des biens. (kho.)

qilič ÷*t*- avaler (hom. de B. *qilíč* distance entre les deux bras tendus).

qíu *ét*- pousser un cri de douleur. (kho.)

qobá -*mu* cabochon en métal, rivet décoratif; pendentif. (kho.)

qóčawez -*iŋ* poche à amadou (fait partie de l'équipement du fusil à poudre). (kho.?)

qon -*iŋ* braises de charbon de bois (utilisées pour cuisiner).

qorbán -*iŋ* fête de l'aïd-el-kebir; victime, sacrifice. (ou.)

qorbaní -*mu* animal sacrifié pour la fête de l'aïd-el-kebir.

qotí -*mu* sac de cuir où l'on met la poudre à fusil.

r

partir, accompagner quelqu'un lorsqu'il part.

rul *-išu* règle à tracer. (ou. < a.)

rabáṭ *-iŋ* caoutchouc. (ou. < a. *rubber*)

raf y brouillon, cahier de brouillon. (ou. < a. *rough*)

rahbarí *ét-* guider, diriger spirituellement. (ou.)

raxmát *-iŋ* bénédiction. (ou.)

ramazán y Ramadan. (ou.)

rambóɣ *-išu -iŋ* (B.) sorte de haricot; la plante (y), le légume (x). (kho.)

randá *-ŋ -iŋ* rabot.

raŋ *-gičiŋ -ičiŋ* couleur. (ou. *rãg*)

rāṭ *-išu* canne à pêche. (ou. < a. *rod*)

rawaná *-mán-* partir, prendre congé. (ou.)

rekáṭ *ét-* enregistrer. (ou. < a. *record*)

rezín *-man-* s'étirer.

-rgin-, -rgin v. *d-girgin*.

-ri- *-č-* envoyer (qq. ou qqch. de mobile de l'endroit de référence), éteindre (le feu).

    d-ri- *-č-* envoyer (qq. ou qqch. de mobile vers l'endroit de référence).

ročidrék x et y repas du soir dans le temps du Ramadan (x); moment du repas (y). (kho.)

roɣán *-iŋ* peinture (à l'origine mélange de farine et de beurre utilisé pour décorer l'intérieur des maisons lors de la fête des *theméšiŋ*). (ou. beurre, graisse.)

ronz *-išu* moufflon porte-musc (mammifère chassé surtout dans la région de Chilas; cet animal est recherché pour son parfum sécrété par une glande située près du nombril).

rozá *-ŋ* jeûne. (ou.)

    rozá -mán- jeûner.

-rpiláŋ v. *-múr-píl*.

rujú *-iŋ* consultation. (ou.)

    rujú ét- consulter; *jā go guyákala rujú éčam ba* je te consulte.

ruxsát *-mán-* (B.), **roɣsát** *-mán-* quitter, demander l'autorisation de partir (B.). (ou. *ruxsat*)

    roɣsát ét- autoriser quelqu'un à

S

⌐s x cœur, siège des sentiments (B.) et de l'intelligence.

⌐sum *ét-* faire quelque chose par désir, par goût.

-sá (B.) x dans l'exp. *-sá -mán-* être enceinte; *musá bi* elle est enceinte, *gusá bi* tu es enceinte.

-sá wal⌐ être sur le point d'accoucher; *musá wali.*

d⌐sa- -č- (B. *d⌐si-*) penser à.

d'où d⌐sa faire penser à, *gaḍí tiphú dǻsai* la montre me fait penser à Tiffou.

sábur patience (B.). (ou.)

sábur ét- patienter, supporter.

sābút *-iŋ* preuve. (ou.)

sadá *-mu -ŋ* simple, sans ornement.

sadáf *-dáumiŋ* perle précieuse (se distingue de *máyun* «perle», y compris «perle de fantaisie»). (ou.)

sadafí au pelage pie noire.

¹saf, saphá (B. *safá*) *-ŋ -iŋ* clair, propre, en ordre, pur. (ou.)

saphá ⌐t-, safá ⌐t- (B.) nettoyer.

²saf (B. *sáuf*) tous. (kho.)

-sáyaš- -č- (B.) faire une fausse couche.

d'où ⌐sayaš- faire avorter (cf. ⌐sa *-mán-* «être enceinte»; ce verbe semble être une réanalyse d'une tournure du type *musá yáši* alternant avec *musáyašu*).

sáhap, sahp, sāp titre de respect; *ḍakṭár sahp* Monsieur le docteur (on utilise également en bou. le terme de respect *jenáp*; celui-ci, à la différence de *sáhap*, précède le nom propre). (ou.)

sahí correct. (ou.)

⌐sal- -č- (B. aussi *d⌐sal-*) percevoir, apercevoir.

d'où d⌐sal- se faire sentir, se manifester, venir à l'esprit, *čayórume dǻsali* je sens le froid, *badšaí sésa dósali* les gens pensent à son règne.

d⌐salat- -š- (B. *-č-*), d⌐šalat- -š- envelopper, enrouler.

salç *-óŋ* age de l'araire; poutre qui soutient le réservoir à grains du moulin (*dor*).

sālé *-tiŋ* femme sérieuse, fidèle.

-sálgin- fiancer (seulement si c'est le fait du père du garçon à marier), *ḍakṭáre ne híre éi yéya musálginum bái* le docteur a fiancé à son fils la fille de cet homme.

sālyelík x le premier mois de l'année (selon certains février, selon d'autres mars). (*sāl + yelík*)

samawár *-išu* samovar.

sandá *-mu* buffle mâle. (ou. *sānd* taureau?)

sandalí petit banc (utilisé surtout pour poser une lampe). (ou.)

saphá *-iŋ* v. ¹*saf.*

saphár *-iŋ* voyage. (ou.)

-sár (B.) dans *-sárce* en face de, *un asárce ba* tu es en face de moi.

saráŋ (B. *siráŋ*) personne responsable de l'exécution des corvées du Tham (attesté notamment dans l'expression *saráŋ jamúin*).

saraŋgi y fonction du *saráŋ.*

sarkákiṣ champ plan (cf. B. *sarká*).

sarpúš *-iŋ* protecteur en cuir du bassinet du fusil (v. *pultyá-kuš*).

sarupá x pl. (B. *sarapá*) tenue complète comprenant chapeau et souliers (s'offre à la jeune mariée ou pour honorer quelqu'un). (p.)

sarwaráq y pl. confusion; confus, en mauvais état. (ou.)

sastá bon marché; syn. *arzǻn*. (ou.)

saús *saúzišu* œillet; couleur vert-bleu.

sausán *-sáyu* iris. (ou.)

sāz *⌐išu* machine, instrument. (ou.)

sé- -č- (toujours avec adverbe de direction) se déplacer, *ílji sé-* reculer, *yar sé-* avancer, etc. (l'analyse de B. pour *yárse* et *dálse* est inadéquate).

d'où ⌐se- -č-, ⌐si- -č- pousser, pétrir (les formes *és- éš-* de B., que nous n'avons pu obtenir, sont probablement reliées à celles-ci).

d'où ós- -ič- (B. *ós- óš-*) poser.

sel *-áŋ* aiguille (B.); piqûre; axe de fixation de la canette dans la navette.

⌐sel- -č- (B.), ⌐sul- -č- peigner.

seletí gris, de couleur métallique. (ou. *saletí*)

sén- *sí-* dire (B.); s.p. lire, étudier, *bérum sim ba?* en quelle classe es-tu?

⸗ser- *-č-* donner à manger (B.); affûter, aiguiser, *nē jā γaténç ắseri* il m'a aiguisé mon épée (v. *éserum*).

d⸗serk- courir à toute vitesse pour satisfaire un besoin pressant (cf. *-sárk-*).

d'où **d⸗serk-** *-ič-* donner la diarrhée, *mómu domốserki* ça lui a donné la diarrhée, elle a la diarrhée.

seţ *⸗iŋ* ensemble formant un tout. (ou. < a. *set*)

seţ mākán ensemble de pièces comprenant chambre, cuisine et salle de bain.

siakhamán *-máyu* (B. *saikhamán*, L. *síakamān*) fusil à poudre dont la culasse et le canon ne forment qu'une seul pièce. (kho. «arc noir»)

siát y santé. (ou. *sehat, sehhat*)

sīx *⸗išu* broche, brochette. (ou.)

sim *-ášku* fil de fer. (kho.)

simyá y pl., d.pl. *-ŋ* vermicelle (se mange sucré). (ou. *swēiyã)*

sipiríţ *-iŋ*, **seperéţ** éther, essence volatile. (ou. < a. *spirit*)

siphér *-iŋ* point (ponctuation). (ou.)

siqáu enrhumé (en parlant des animaux).

sir *⸗išu* contraction de douleur.

siríŋin- *-ŋič-* (B.) être déprimé.

d'où **⸗siríŋin-** déprimer (qq.).

sirká y vinaigre. (ou.)

siţ *-mán-* rester immobile.

siţák *-iŋ* stock, réserve. (ou. < a. *stock*)

d⸗skan- courber, plier (cf. B. *d⸗kan-*).

d⸗skar- *-č-* (B.) donner la colique (les formes **d⸗skaran-** et **d⸗skarc-** qui ont aussi été notées en sont peut-être des variantes). (probablement relié à *d⸗serk-*)

⸗skarc- v. *gắrc-*.

d⸗skaţ- v. *du-kháţ-*.

⸗ski- v. ¹*gí-*.

⸗skil *-iŋ* visage (B.).

ískil -iŋ page, côté d'une feuille.

⸗skilca en face de, *ja gō gúskilca dúsa* je me présente devant vous.

úskilca jandár nom de l'animal tué et mangé aux noces.

úskilca paqó argent offert symboliquement par le père du marié le jour du mariage pour défrayer le coût du repas.

⸗skir- v. *gír-*.

d⸗skir- v. *di-khír-*.

d⸗skuruţ- v. *du-khúruţ-*.

⸗skuš- v. *gúš-*.

d⸗skuţ- v. *d⸗khuţ-*.

¹**d⸗smain-, du-smáin-** v. *d⸗main-*.

²**d⸗smain-** *-č-*, exp. *māl d⸗smain-* laisser s'abîmer la récolte.

⸗smal- *-č-* faire peur, effrayer (B.); battre (au jeu), *mā ja ắsmalen* vous m'avez battu, vous avez gagné.

soḍá, soḍár *-iŋ* levure chimique (utilisée également pour la cuisson de la viande).

d⸗soru- allaiter, *biá bóşoγa dẽsorui* la vache allaite le veau.

soţóp *-išu* réchaud, poêle à bois. (ou. < a. *stove*)

⸗spal- v. *bal⸗*.

⸗spalū- v. *balū̌-*.

d⸗spaq- (L., B. *d⸗poq*) *-ič-* faire bouillir.

d'où **du-spáq-** bouillir (en parlant du lait).

d⸗spas- v. *du-wás-* et *du-wắs-*.

⸗spe- v. *bǔ-*.

⸗spepen-, d⸗spepen- v. *pepén-*.

⸗sqan-, d⸗sqan- v. *du-γán-*.

d⸗sqaţ- v. *du-γáţ-*.

⸗sqol- v. *γol⸗-*.

d⸗sqon- v. *do-γón-*.

⸗sqorc- v. *-γórc-*.

d⸗stal- v. *d⸗tal-*.

⸗stuk-, d⸗stuk- v. *du-húk-*.

su *⸗mu* (B.) *-ánc* bec de théière.

subadár *-išu* sergent. (ou.)

sukúl *-iŋ* école. (ou. < a. *school*)

⸗sul- v. *⸗sel-*.

sumúyu x pl. insecte qui mange le papier et le tissu.

sūrát *-iŋ*, **sūrót** *-iŋ* reflet, réflection (dans l'eau, dans un miroir). (ou.)

surmá *-ŋ* collyre (le nom bou. est *dul*, v. B.). (kho.)

surunái *-šu* sorte de hautbois, bombarde. (ou.)

suruŋí *-ŋ* explosion.

sutrí *-mu* corde.

suţúl *-išu* petite table. (ou. < a. *stool*)

Š

šaftál x sg., xy pl., d.pl. -*iŋ* (B.) sorte de trèfle, la plante cueillie (x); le trèfle dans les champs (y pl.); groupes de trèfle sur pieds (d.pl.).

šagárt -*išu* élève, apprenti. (ou.)

šaxék -*išu* écouvillon du fusil à poudre.

šamá y pl. dans *čáie šamà* feuilles de thé infusées. (ou.)

šánṭer -*išu* affligé de strabisme divergent.

šaŋkúr -*išu* personne qui ne voit pas la nuit. (kho.)

šar -*ánc* (B.) -*iố* lime à métaux (B. lime triangulaire).

d-̣šaragin- -*gi-* (pour h et x animé) souffler sur, agiter; *tíṣe dášaragini* le vent m'a emporté.

šaréki éventé, par ex. *šaréki gur* blé éventé. (*šará* + -*kí*)

šarmandá (B.) -*tiŋ* honteux. (ou.)

šarmandákiṣ -*kia* personne confuse, honteuse.

šáru y sg. vent frais, vent froid (v. B. *šárutiṣ*).

šēn (B. *šen*) vigne, grappe. (kho. *sáhan*)

šerābí -*mu* ivrogne. (ou.)

šerbát (B. *šarbát*) mets à base de farine, de beurre et de sel.

    xóse šerbát sirop pour la toux.

šeríf -*tiŋ* -*išu* homme sérieux, humble. (ou.)

šertí -*ŋ* pari. (ou.)

šikhár (B. *šikár*) chasse (y); résultat de la chasse, proie (x). (ou.)

-šilan -*layu* queue (B.), s.p. *šilan* culasse démontable du fusil à poudre.

šiníkus mois d'été; *hawélum šiníkus* juin, *mákučum/íljum/altóum šiníkus* juillet, *axelí šiníkus* août (correspondances approximatives). (*šiní* + -*kus*)

šiŋā́lu (B. *šiŋálu*) -*mu* baie d'églantier. (kho.)

šistuár -*iŋ* air de musique. (kho.)

do-šor- -*č-* cailler (lait) (B.).

    d'où **d-̣šor-** faire cailler.

šóto -*iŋ* -*mu* fenouil, aneth.

¹**šóṭo** -*mu* (B.), **šóṭa** -*mu* champignon.

²**šóṭo** -*mu* ligne de mire.

šū y pl. bois qui a été transporté par l'eau des torrents.

šut aigre, acide. (kho.)

šutúk -*mán-* s'accoupler.

    šutúk -*yán-* couvrir, saillir.

    šutúka -*mán-* être en chaleur.

    Ces expressions valent pour la plupart des animaux à l'exception du cheval, de l'âne, des bovidés et des ovidés.

šutúm -*a* -*išu* foyer de la maison (B.); grille du foyer.

Ṣ

ṣaboqbánu -*mu* repas offert à ses amis par le père du prétendant le jour du mariage avant de partir pour la maison de la mariée. (kho.)

ṣabulúki (B.) -*ŋ*, ṣabléki -*ŋ* sorte de trèfle (ce mot présente les mêmes pluriels et les mêmes classes que *šaftál*; pour leur distribution, se reporter à ce terme).

du-ṣándar- -*č*- avoir la peau éraflée (par frottement, par coups, etc.), frottée (v. *du-hándar-*).

 d'où **d≟ṣundar-** -*č*- érafler, frotter, éperonner, frictionner.

ṣapáṭ (B.) -*iŋ* sorte de cuillère utilisée à la cérémonie de la fête des semailles; syn. de *pharáṭi* (v. ce terme).

ṣaq -*iŋ* champ en haute montagne (utilisé seulement dans la vallée de Thuy).

ṣāq droit, rectiligne.

 d'où *ṣāq ét-* (B. *ṣaq*) dérouler, déplier, défroncer.

ṣatá bientôt, rapidement (le sens de B. de *ṣatá dél-* n'a pas été accepté). (kho. *ẓātá*)

ṣáu coup, choc.

 ṣáu ≟t- (B.) frapper.

ṣenç ≟*ako* ≟*oko* poutre du toit (B.); âme métallique de l'axe en bois de la meule du moulin (*moṭés*).

-ṣí- -*ç*- manger (B.); s.p. accabler de travail, *nē aṣim bái* il m'accable de travail; *doró aṣim duá* je suis accablé de travail.

ṣiŋ (B. ≟*a*) -*á* -*ó* -*ásku* bobine (B.); canette du métier à tisser; embout métallique pointu du bipied du fusil à poudre.

ṣirṭ *ét-*, ṣiṣṭ *ét-* renifler.

ṣírṭo renifleur.

ṣíu-čar ≟*iŋ* sifflement.

ṣiwíč -*išu* espèce d'oiseau. (kho.)

ṣolt -*iŋ* (B. *šolt*) toit.

ṣoŋgír *dohón-* se cogner (notamment en parlant de taureaux qui combattent).

ṣoq -*iŋ* -*íčiŋ* fronce.

ṣoráŋ y pl. produit de teinture analogue au henné à base d'huile d'abricot. (sh., kho.)

ṣorṭ *ét-* super; *jā čái ṣorṭ éčam ba* je supe mon thé.

¹ṣúli v. *guk*.

²ṣúli -*mu* petit morceau de beurre empaqueté dans un morceau de chapati qu'on distribue aux invités le jour du mariage; d'après I.H. se dit des aliments servis au repas de mariage aux invités après en avoir distribué une partie aux gens de l'extérieur (v. mot suivant). (kho.)

³ṣúli -*mu* prépuce (les informateurs affirment qu'à la différence de ²ṣúli ce mot n'est pas kho.; il est probable qu'il s'agit du même mot; dans les deux cas ṣúli présente l'idée sous-jacente «qui recouvre, qui cache»; ce mot, vraisemblablement d'origine bourouchaski, n'a été emprunté par le kho. que dans le sens ²ṣúli).

ṣur v. *guk*.

ṣurá (B.) y pl. salpêtre. (ou.)

ṣuṣk ≟*išu* ≟*iŋ* efflorescence blanche qui se développe sur les roches de la montagne (y); encre blanche faite à partir de ce produit pour écrire sur les ardoises *taxtá* (x). (kho.)

t

tabá ⸗t- détruire. (ou.)

tābút -išu cercueil. (ou.)

taiɣún-saɣúrj -išu sorte de faucon (faucon tout blanc?). (p. + kho.)

tak ⸗a ⸗išu col rapporté du šuqá (B.); collier ornemental des chevaux.

takabúr -išu orgueilleux. (ou.)

takaburí orgueil. (ou.)

takmá -ŋ médaille, décoration. (ou.)

taxt ⸗išu estrade couverte de coussin pour se délasser, pour prendre des repas. (ou. trône, siège)

taxtá -ŋ tablette, rabat rigide; ardoise en bois de l'écolier. (ou.)

tal -ánc (B. ¹tal) clé, cadenas. (kho.)

    tal -mé croc (rattaché étymologiquement par les informateurs à tal parce que la proie prise entre les crocs ne peut se dégager). (kho.)

d⸗tal- -č-, d⸗thal- -č- (B.) se réveiller (au propre et au figuré).

    d'où d⸗stal- -č- réveiller (au propre et au figuré).

taláš recherche. (ou.)

    taláš ét- chercher.

táleṣ taléhaŋ (B. táleṣ talóhaŋ) lange, couche; ligature. (< -ltáli-)

talɣó -mu fil de laine grossièrement façonné pour le filer au fuseau.

táli -ŋ toron. (-ltáli-)

talqá -miŋ vésicule biliaire (v. bou. pét). (kho)

    talqá̊ cel bile.

támala y air de musique.

tambúk -a (B.) fronde, lance-pierre.

    tambuk bišá- tirer au lance-pierre.

    tambuk dél- dégager la balle au polo après un but (le dégagement est toujours fait par le joueur qui vient de marquer; c'est alors que les musiciens jouent le bakšawár).

tap -óŋ feuille (B.), pétale, sépale.

taráŋin- -ŋi-, taréŋ -ič- (B.) trembler, frissonner.

    d'où ⸗ltaraŋin-, d⸗ltaraŋin- faire trembler.

taráq nu, dénudé, sans poil, démuni, vagabond (B.), au poil ras.

tariéqa -ŋ façon, manière, habitude.

taríŋ -ičiŋ -iŋ outre en peau (pour faire le beurre ou pour conserver de l'eau).

tarjumá traduction. (ou.)

tasmá -iŋ ligature. (ou. courroie de cuir)

tasmuzá -ŋ gant. (kho.)

tašpén (B.) -péyu papule, élevure (et non B. verrue, cf. phindár).

tauríč -išu planche fixée aux solives du toit formant avec d'autres un plancher destiné à supporter un revêtement de boue séchée.

tazá frais (en parlant d'aliment); emploi pléonastique dans tazá maská beurre frais. (kho.)

¹tǎž ⸗iŋ carte à jouer. (ou.)

²tǎž ⸗išu huppe. (ou. couronne?)

té- (B. -lté-) -č- jurer, ja qorányaţe téya j'ai juré sur le Coran.

    d'où ⸗lte- faire jurer, nē ja qoránule paisáyaţe ăltei il m'a fait jurer sur le Coran que je lui rendrai l'argent.

tézaili plus rapidement, de plus belle. (tez + zail + í)

tirdón -dóyu (Yasin), tirdóno -mu (Thuy), tirdóni -mu (Darkoţ) cartouchière.

tolɣá -ŋ serviette de toilette. (ou.)

¹toq (B.) ⸗iŋ ⸗ičiŋ boue, bourbier.

    sáwe toq fondrière.

²toq vert.

traŋ -íčiŋ courroie de serrage (ex. corde de fixation de la roue du rouet), sangle.

traṣ ét-/-mán- glisser volontairement (s'oppose à draṣ ét-/-mán-, glisser involontairement).

troq épicé, fort (v. khardačí). (kho.)

tuék tueká (et non B. tuéq -a) fusil. (kho.)

tukazá -ŋ bipied du fusil à poudre. (kho.)

turčún -čúyu marmotte (?). (kho.)

th

thak *ét-* donner des secousses (recouvre également le sens de *d⊥gu-* «secouer les arbres pour en faire tomber les fruits»).

d⊥thal- v. *d⊥tal-*.

thalóx *-išu* sac dans lequel la mariée range ses affaires de toilette; nécessaire de toilette de la mariée.

tham roi, mir (**B.**); le marié.

    tháme us la mariée.

thámbokus x le mois le plus froid (certains comprennent «le mois roi du froid»; décembre, février?). (*tham(b)* + *-kus*)

thǎŋgi *-čiŋ* (**B.** *thǎŋ -ičiŋ*) endroit de la cuisine royale affectée à la préparation du pain (**B.**); (y sg. seulement) impôt levé par le Tham (impôt de bouche, mot-à-mot taxe pour les cuisines royales).

tharéskin *-kiaŋ* (**B.** pl. seulement) plantain.

thémišiŋ y pl. fête des moissons.

thens sg. et pl., d.pl. *thénziŋ* période de deux semaines.

thí- *-č-* verser (un liquide), contraste avec *gí-* pour verser (une poudre) (**B.** ne note pas cette distinction).

thu crachat.

    loc. *thu góγa maniṣ* honte à toi, *mi thu ayét* tu nous dégoûtes.

thun *thúyu ⊥ašku* irascible.

ṭ

ṭak ÷t- donner des coups répétés, clouer
(cf. B. ṭakṭák ÷t- frapper à la porte).

ṭaq ét- piler, casser en tout petits
morceaux.

ṭaṭár -išu rat des bois sans queue.

tek-tunisík -iŋ v. héštik. (kho.)

ṭelefón téléphone. (ou. < a.)

ṭībí y tuberculose. (ou. < a.)

ṭiká -mán- (B. tiká) s'adosser. (kho.)

ṭiká-díni -mu dossier; en particulier la
planche de bois fixée sur la poutre
(hundáres) qui sépare dans la maison
le pheč du héqai. (kho.)

ṭikéṭ -iŋ timbre poste. (ou. < a.)

ṭiṭírum (accent incertain) -išu logement des
pivots de porte (dans la maison
traditionnelle les portes n'ont pas de
gonds).

ṭóri (B. túli) -mu coin de serrage, bouchon
(s'oppose à yáwarkiṣ bouchon à vis).

ṭorpíčo -mu espèce d'oiseau. (kho.)

ṭoṭór- -č- (B. -thóthor-/thothór-) ronger,
grignoter.

u

-**ú** larmes (B.).

    -ú d⁺-l- verser des larmes.

uγáriki *-ŋ* mélange de plusieurs céréales (blé, orge, maïs, etc.) (forme lexicalisée de B. *-γáriki*).

ujút sg. condition physique, état de santé; *ujút sawaráq duá* ça ne va pas bien, *ujút šua apí* id.

umúr (B. *úmur*) âge. (ou.)

uŋgálu *-miŋ uŋgálimiŋ* vieille blessure, cicatrice. (*gál-?*)

⁺**ure-** v. ⁺*weria-*.

-**úruaṭ** x pl. éminences coniques de la peau provoquées par l'érection des follicules pileux sous l'effet du froid, d'une frayeur etc.; *jā aúruaṭ bién* j'ai la chair de poule.

urusí *-mu* (B.) fusil à poudre à culasse démontable pour faciliter l'entretien.

du-ús- *-š-* (B. *d-ús-*) pl. **di-yáša-/di-yéša-** se lever, grimper.

    d'où **d⁺-us-** *-š-/***d⁺-us-** *-š-* pl. **d⁺-yeša-** *d⁺-yešč-* (B.) faire se lever, tirer vers le haut, faire grimper.

usél *-išu* cadeau offert au père de la mariée. (kho.)

ustát *-išu* titre de respect donné à une personne qui a acquis une certaine compétence dans sa spécialité (pourra se dire à un instituteur, un musicien, un conducteur de jeep etc.). (ou.)

usúl *ét-* faire un paiement. (ou.)

úšam (B.) *-išu* caractérise tous ceux qu'on considère comme des parents (parent adoptif, ami cher) et particulièrement la belle-famille.

    úšam dióṣkun celui des *dióṣkuyu* qui est chargé d'offrir le verre d'eau au marié au moment de la cérémonie.

uṭilí beige. (*uṭ* + ?)

uyáṭes-yáṭa y cadeau offert aux sœurs de la mariée. (*-yáṭes* «tête» + *yáṭa* «sur»)

W

waíz -*išu* prêcheur, prédicateur. (ou.)
wal⊥/-**wál**- v. *bal*⊥.
⊥**wal**- -*č*- pl. ⊥**walja**- -*č*- faire voler, faire
s'envoler.
  d'où **du-wál**- -*č*- pl. **du-wálja**- (B.
  du-wálča-) -*č*- voler.
  d'où **d**⊥**wal**- -*č*- pl. **d**⊥**walja**- -*č*-
  même sens que ⊥*wal*-; fig. expédier un
  travail, *mo gúse máγoyu dówaljayu* la
  femme a fini le collier en vitesse.
waliahát, waliehét fils aîné. (ou.)
⊥**waltan**- -*tai*- rendre.
waphadár -*išu* loyal, honnête, fidèle. (ou.)
waráq -*iŋ* feuille de papier. (ou.)
  waráq d⊥*-l*- feuilleter.
wārí, wārí-wārí tour. (ou.)
  wārí-wāríule l'un après l'autre,
  chacun à son tour.
warjís -*imu* exercice physique. (ou.)
warzedíni -*mu* oreiller (v. B. -*úşki*). (kho.)
du-wás- -*ş*- être ramassé.
  d'où **d**⊥**spas**- -*ş*- ramasser.
du-wắs- (B. *du-wás*-) (pour y), **d**⊥**was**
 (pour hx), pl. **du-wắša**- être en retard,
 être de reste, traîner.
  d'où **d**⊥**spas**- retarder, laisser
  inachevé, faire traîner.
  d'où **d**⊥**spas**- faire laisser (de la
  nourriture), faire traîner (une tâche),
  jā paqó dắspasi il m'a trop donné à
  manger (lit. il m'a fait laisser une
  partie de mon repas, c'est-à-dire, il
  m'a très bien traité).
waskáṭ -*iŋ* gilet. (ou. < a. *waistcoat*)
waswás -*mán*- s'inquiéter, se faire du souci
 (à cause de *gandíči*) (et non B.
 s'effrayer), *jā aúsmu gandíči waswás*
 amána je m'inquiète au sujet de ma
 femme.
  waswás ⊥*t*- inquiéter, *un waswás*
  áčum ba tu m'inquiètes.
-**wắš**-, ⊥**waš**- v. *bal*⊥.
waş-waş ⊥*t*- égratigner, grignoter, effriter.

waṭ ⊥*iŋ* écorce (B.).
  waṭ ét- défricher en labourant.
wāz *ét*- prêcher. (ou.)
wāzgár -*išu* prêcheur, prédicateur. (ou.)
-**wélji** -*yéc*- (B. *wélji yéc*-) rêver, *awélji yéca*
 j'ai rêvé, *jā awélji guyéca* j'ai rêvé de
 toi, *jā guwélji yéca* j'ai fait le même
 rêve que toi.
⊥**weria**- -*č*-, ⊥**ure**- -*č*- confier une tâche,
 faire travailler.
wezmá -*mu* mesure à poudre pour le fusil
 (B.).
  wezmá-girdán -*dáyu* double mesure
  à poudre à deux compartiments.
wezṇú x pl., d.pl. -*mu* ail.
wor y parfum (substance aromatique).
 (kho.)
workhóṭ y parfum (fragrance). (kho.)

y

-yácar- v. ÷yancar-.

yál-, cel yál- -č- arroser (un champ) (B.).

    d'où **di-yál-** -č- être arrosé (en parlant d'un champ).

yan (B. -ášku) -ő manche, mancheron.

    Se retrouve probablement dans le proverbe dū túre yan aímaimi on n'en fera rien de bon (lit. ce cabri n'aura pas suffisamment de corne par où le prendre).

-yán- -yái- (B.) prendre; s.p. saillir (en parlant d'animaux).

÷yancar- -č- pl. ÷yancara- (variantes possibles ≈car- et -yácar-) promener qq. (gan-? + -car-, cf. gucar-)

-yáŋ dans l'exp. -yắŋce báriŋ ét- parler dans ses rêves.

≈yaŋguš- -šč- (B.) finir, terminer, accompagner un bout de chemin.

    d'où **di-yánguš-** être terminé.

yaqín -iŋ certitude, croyance; jā yaqín duá mo cúrumu je suis sûr qu'elle viendra. (ou.)

    yaqín ét- tenir pour certain, croire en (-a/-γa); jā yaqín éčam bá j'en suis certain, xudáya yaqín éčam bá je crois en Dieu.

-yắr- -č- (B. -yár-) faire brouter, faire paître, entourer de soins.

    d'où **du-yắr-** -č- se repaître.

yaráq attaché court (en parlant d'un cheval).

    yaráq ét- attacher un cheval de façon à l'empêcher de brouter (B.).

di-yárc- -č- (B. di-árc-) tomber (en parlant de la pluie, la neige) (cf. gárc-).

    d'où **d≈yarc-** faire pleuvoir, suphí duá néte dĕyarci le soufi, par ses prières, fit pleuvoir.

yarç ÷iŋ prix (B.).

    yárçyaṭe -yán- acheter.

yári -mu rayon de soleil, réflection de lumière.

yáu -č- cueillir (et non B. éplucher).

di-yé- -č- (B. di-é) se lever. (le y permet de rendre compte des dérivations qui suivent).

    d'où **d≈ye-** -č-, **d≈yi-** -č- faire lever.

    d'où **dóyi-** bâtir.

-yéc- -š- nég. aíc-, -yóc- (pour 3 x pl., et non B. pour 3 pl.) voir.

yekčesmá -mu longue-vue (v. češmá, cf. durbín). (kho.)

yen (B. -óŋ) -ő pain de berger.

Z

zabán -*iŋ* langue, langage. (ou.)

záhar -*iŋ* poison. (ou.)

zār -*iŋ* or (métal). (ou.)

zaráp plus (ex. un plus deux, etc.). (ou.)

zārgár (B.) -*tiŋ* -*išu* orfèvre. (ou.)

zarxán -*xáyu* (B.) râpe, lime à bois. (kho.)

zarúr nécessaire; nécessairement, *ja zarúr cram ba* je dois m'en aller.

zenaxór -*tiŋ* -*išu* homme volage, coureur de femmes. (ou.)

zerbáli -*mu* rose jaune. (kho.)

ziadá -*ŋ* excès; excessivement, beaucoup. (ou.)

zran -*mán*- (B.), **zirán** *ét*- sursauter. (kho.)

zukám -*iŋ* rhume. (ou.)